海客谈瀛洲

——唐宋之际的中日交流

陈杰 著

商务印书馆
创于1897
The Commercial Press

2020年·北京

图书在版编目（CIP）数据

海客谈瀛洲：唐宋之际的中日交流 / 陈杰著 . — 北京：
商务印书馆，2020
（丝瓷之路博览）
ISBN 978 - 7 - 100 - 17461 - 9

Ⅰ. ①海… Ⅱ. ①陈… Ⅲ. ①丝绸－对外贸易－贸易
史－研究－中国、日本－唐宋时期②瓷器－对外贸易－贸
易史－研究－中国、日本－唐宋时期 Ⅳ. ① F752.731.3

中国版本图书馆 CIP 数据核字（2019）第 085456 号

海客谈瀛洲
——唐宋之际的中日交流

陈杰 著

商 务 印 书 馆 出 版
（北京王府井大街36号　邮政编码 100710）
商 务 印 书 馆 发 行
北京富诚彩色印刷有限公司印刷
ISBN 978 - 7 - 100 - 17461 - 9

2020 年 2 月第 1 版　　　　开本 880×1230　1/32
2020 年 2 月第 1 次印刷　　印张 7 1/2

定价：48.00 元

主　　办：中国社会科学院历史研究所中外关系史研究室

顾　　问：陈高华

特邀主编：钱　江

主　　编：余太山　李锦绣

主编助理：李艳玲

编者的话

　　《丝瓷之路博览》是一套普及丛书，试图以引人入胜的方式向广大读者介绍稳定可靠的古代中外关系史知识。

　　由于涉及形形色色的文化背景，故古代中外关系史可说是一个非常艰深的研究领域，成果不易为一般读者掌握和利用。但这又是一个饶有趣味的领域，从浩瀚的大海直至无垠的沙漠，一代又一代上演着一出又一出的活剧。既有友好交往，又有诡诈博弈，时而风光旖旎，时而腥风血雨。数不清的人、事、物兴衰嬗递，前赴后继，可歌可泣，发人深省。毫无疑问，这些故事可以极大地丰富人们的精神生活。

　　本丛书是秉承《丝瓷之路》学刊理念而作。学刊将古代中外关系史领域划分为三大块：内陆欧亚史、地中海和中国关系史、环太平洋史。欧亚大陆东端是太平洋，西端是地中海。地中海和中国之间既可以通过海上丝绸之路，也可以通过草原之路往来。出于叙事的方便，本丛书没有分成相应的三个系列，但种种传奇仍以此为主线铺陈故事，追古述今。我们殷切希望广大读者和作者一起努力，让古代中外关系史的知识走进千家万户！

2012 年秋

廣

前　言

　　"海客谈瀛洲，烟涛微茫信难求"，诗仙李白的这首《梦游天姥吟留别》历来脍炙人口，诗中开头提到了诗人所向往的"瀛洲"，但诗人感慨：那个传说中的仙岛应该是难以找寻的罢，倒不如浙东的天姥山，虽然在云雾缭绕中忽明忽暗，但仍可仰望。

　　瀛洲、蓬莱、方丈是中国传统神话中所谓的海上三仙山，甚至在创造景观时，亦将"三仙山"作为理想融合其中，如杭州西湖，就以小瀛洲、湖心亭、阮公墩三岛比拟"三仙山"格局。在"三仙山"中，瀛洲的称呼经常被用来指代一个实体的地方——日本。

　　至少在李白的时代，孤悬海外的日本并不是一个"信难求"的国度，遣唐使不断越海西渡，来追求大唐盛世的荣光，李白与一位日本遣唐使团成员还缔结了深厚的友谊，而到了唐朝中后期，一波又一波的私商也开始往来于中日之间，载运着瓷器、扇子、佛像，还有向往大唐的僧侣……

　　然则，这一路并不太平，有狂风骤雨，惊涛骇浪，每次读到这一段历史，我们都不由地会对先人们产生一种衷心的敬意。

目　录

第一章

公元 7—9 世纪之间，在中国东方的海域，来往的船只络绎不绝。从日本九州的博多，到中国沿海的登州、扬州、明州诸港口，官方的使节奔波于风浪之上。最频繁的时候，每隔一到两年，就有一群官方使节从日本不远千里而来，最多的一次，有五百多人踏上了来中国的船只。在他们心目中，衣冠文物足为壮观的盛世大唐是梦想的憧憬之地，但是，这场"第一次亲密接触"一开始并没有想象中的那么美好。

遣唐使，起航

第一节　遣隋使小野妹子

　　2015年3月，浙江省博物馆举办了名为"香远益清——唐宋香具览粹"的展览。在这一展览中，有四件唐朝时期的香具，三件是出土于定州静志寺塔地宫的初唐时期的鹊尾铜柄炉，一件是出土于法门寺地宫的如意银柄香炉。

　　无独有偶，日本奈良正仓院的南仓存有日本飞鸟时代遗存的白铜柄香炉和同一形制的正仓院御物五把，其中包括一把精

河北定州静志寺塔地宫出土唐鹊尾铜柄炉（左，定州市博物馆藏），陕西扶风法门寺地宫出土如意银柄香炉（右，法门寺博物馆藏），摄于"香远益清——唐宋香具览粹"展

美的紫檀金钿柄香炉。这柄香炉采用紫檀制作炉底和长柄，金铜为面，装饰以莲花、蝴蝶、迦陵频迦等纹饰，在炉面与炉柄的交界处立着一只威风凛凛的狮子，同时在炉柄末端，也有狮子吞环的造型，香炉还奢华地用水晶镶嵌。

　　长柄形香炉是一种出现在特定历史时期的香具，常见于南北朝时期的佛造像和佛教绘画中。在敦煌壁画中，被英国人斯坦因掠走的《引路菩萨图》、《唐代文殊普贤四观音列像图》等，皆有菩萨手持香炉引导众生前往净土的造型，而在宋元以后的佛造像和佛教绘画中就十分少见了。曾经研究过正仓院文物的傅芸子先生感慨这样的香炉"中国遗物除造像绘画外，则为罕见"，但目前的考古发现改变了这一说法，印证了日本正仓院的香炉源自中国。

　　紫檀金钿柄香炉造型中的狮子为当时日本所没有的动物，所以这一造型的源头肯定来自中国大陆，而根据日本学者佐野真祥的考证：在中国大陆，这种尾端有狮子的香炉造型是从中亚地带传来，德国探险家阿尔伯特·冯·勒柯克曾经在中亚地区发掘到公元2—3世纪同形制的香炉。正仓院中的另一柄赤铜柄香炉，在尾端采用鹊尾的造型，也与中国南北朝时期的造型和制法如出一辙。

　　一柄香炉，到达日本的全过程，与中日之间在隋唐时期的大规模交流密不可分。

隋唐时期第一次见诸记载的中日官方交往发生在隋文帝开皇二十年（600），然而，这一次记载仅见于《隋书·倭国传》中，仅有的记载却是扑朔迷离的，而其后的隋炀帝大业三年（607）的那一次日本来使，却同时见诸中国的官方史书《隋书》和日本的官方史书《日本书纪》。为什么这第一次接触，日本方面并不记载呢？这一奇怪的现象引起了人们的诸多猜测。

　　这可能是日本西边地方官员的私下行为。这种说法早在江户时代就有人提出，当时著名的国学学者本居宣长（1730—1801）在他的《驭戎慨言》里就推测说这是西边之人所为，也就是九州一带的人"伪托王命"派出这一批使节。后来的日本学者也提出有可能是当时日本派驻在朝鲜半岛的镇将所为，显然，如果这一说法属实，从当时东亚的政治局势来看，这是日本边境地方官员试图刺探强大的隋朝的虚实，以便就未来的朝鲜半岛局势变化做出合适应对的外交行为。

　　或许，这也可能是史官的一次误记。在《隋书》中还记载了一次隋大业三年（607）的日本使节来访，这一次的使节在日本的官方史书《日本书纪》中能找到对应的记录，所以有人推测是当时写《隋书》的唐朝史官把一次使节误记成了两次。

　　越来越多的研究者倾向认为开皇二十年（600）的遣隋使是一次官方背景下行为。本次遣隋使来华的细节记载在《隋书》中明显有别于大业三年（607）的出访，几乎不存在被唐朝初年那些"去隋未远"的史官误记的可能性，而《日本书纪》的不记载并不意味着这一次遣使不存在，我们仍然可以从日本的其他史料中找到开皇二十年（600）遣隋使的蛛丝马迹。

当时的日本，刚经历一场政变，用明天皇二年（587），天皇崩逝，倭国朝廷发生了政权争夺战，这场战争同时还掺杂着"崇佛"和"排佛"之争，当时从朝鲜半岛传入日本的佛教引起了日本上层社会的分裂，主张"崇佛"的苏我氏和主张"排佛"的物部氏尖锐对立，在这场政权争夺战中，苏我氏消灭了物部氏，为佛教及其他东亚文化进入日本排除了障碍，这是日本古代社会的一次重大变革。

在此基础上，苏我氏拥立崇峻天皇并掌握了实权，崇峻天皇五年（592），苏我氏又暗杀了与之对立的崇峻天皇，改立推古女皇。从政权争夺战时就与苏我氏站在同一阵线的圣德太子在苏我氏的支持下，开始大规模地推动引进包括佛教文化在内的东亚大陆文化，以改变日本的上层社会。对于亚洲大陆新崛起的隋帝国，日本当然不会无视，开皇二十年（600）的遣隋使就成为顺理成章的事情。

隋炀帝大业三年（607），一群特殊的客人到达隋朝，为首的名叫小野妹子。在开皇二十年（600）的遣隋使使者名字付诸阙如的前提下，小野妹子成为隋日关系史上一个开创性的人

神功皇后征韩，该图由日本江户时代的浮世绘画师月冈芳年所绘

物，受到了研究东亚交流史的学者的关注。

小野妹子这一次带来的国书也值得一提，根据《隋书》记载，国书中出现了一句："日出处天子至书日没处天子无恙。"这一句话引起了隋炀帝的极度不满，他甚至吩咐负责接待的鸿胪卿说："蛮夷书有无礼者，勿复以闻。"

这一句话，被一些人认为是"日本"国名的由来，因为"日出处意即日本"。

关于"日本"的由来，相关研究众说纷纭，但可以肯定的是，东亚世界原本对日本的称呼是"倭"，甚至日本自身也一度接受这一称呼，这不仅仅表现在中国的史书中，也表现在日本的留存文物中。曾藏于奈良县天理市石上神宫中的日本国宝"七支刀"上就出现了"倭王"的铭文。这一把刀从铭文解读看，大约铸造于东晋太和四年（369），是由朝鲜半岛上的百济为日本朝廷所铸造，而在《日本书纪》中亦有神功皇后五十二年（372）百济献七支刀的记录，与铭文相合。这一历史文物和相关史籍的记录，可以作为当时日本自称为"倭"的例证，也表明，"倭"这个名字是当时东亚社会对日本的普遍称呼。

而"倭"变为"日本"，从今天的研究看来，至少是要到中国的唐朝初年，日本开始大规模引进中国文化以后，才衍生出了将"倭"改为"日本"的意识。这绝非仅仅一个"日出处天子"所能带来的。

对于隋炀帝来说，试图和中国平起平坐的"蛮夷"确实引发了冲击。但是，隋炀帝仍然派遣出一位使节进行回访，他就是中国第一个以统一中央政权所派使节身份踏上日本国土的裴世清。

奈良法隆寺东院伽蓝梦殿，供奉有圣德太子画像

关于裴世清这一次访日，史籍上有很多耐人寻味的记载。首先是中日两国的史籍《隋书》和《日本书纪》的记录有着明显的画风差异。《隋书》中记载裴世清抵达日本以后，日本朝廷对裴世清极其恭敬，不仅派人远迎，而且在言辞中也体现得较为谦卑："我闻海西有大隋，礼义之国，故遣朝贡。我夷人，僻在海隅，不闻礼义，是以稽留境内，不即相见。今故清道饰馆，以待大使，冀闻大国惟新之化。"日本朝廷在这一段外交辞令中，把自己放在不知礼仪的"夷"的位置上，对隋朝使节表示要学习大国的意愿。而裴世清的回答也显得居高临下，他首先赞扬隋炀帝"德并二仪，泽流四海"，表示他本次出使是因为日本朝廷归慕王化，所以前来"宣谕"。这体现出一种在古代东亚社会常见的"天朝"和"外番"之间的朝贡式的外交关系。

在日本史料《日本书纪》中，却如是记载着这一段历史：裴世清抵达日本以后，在面见天皇时"两度再拜"，并且呈送国书，国书上的抬头是："皇帝问倭皇"，这似乎体现出隋日之间的平等关系。

然则，我们肯定无法相信连"日出处天子至书日没处天子"都不能接受的隋炀帝会容忍发出的国书中称对方为"皇"。更何况隋炀帝是一个在外交上希冀有所作为的皇帝，他坐拥文帝打下的基础，希望刻意在外交上营造一种"万邦来朝，归慕中华"的气象，从而为他的不当得位和统治制造合法性舆论。本着"天无二日，民无二主"的精神，在外交上好大喜功的隋炀帝也不会承认倭皇具有和他平等的地位。

而《日本书纪》中还有许多有趣的记载，比如所记国书里提及日本派遣小野妹子是"远修朝贡"，并表示"朕有嘉焉"，显然是以上对下的口气，又说裴世清在离开前虽然又一次"两度再拜"，但是"言上使旨而立之"，前后举动不协调，说明"两度再拜"还是日本人的伪说，而国书中"倭皇"的称呼或许是日本史官擅自将"王"字加上了"白"字。

另一件有趣的事是，陪同裴世清返回日本的遣隋使小野妹子宣称自己丢失了隋炀帝交给他的国书。可以假设，隋炀帝在授予裴世清正式国书外，也交给小野妹子一份针对日本国书的回信，而这份等同于国书的文件却丢失了。按小野妹子的说法，是在归国途中被朝鲜半岛的百济劫夺了。但日本朝廷对小野妹子的处置却十分奇怪，先是群臣共同商议，认为小野妹子作为重要的国使丢失国书，应该判决流刑，随后，天皇以个人的"乾纲独断"，力排众议表示小野妹子虽然丢失国书，但是"辄不可罪"，况且在大国使节面前定罪小野妹子，也有失体面。因此，小野妹子遗失国书问题就这样不了了之了，更奇怪的是，这位有遗失国书前科的使节在裴世清回国的时候仍然被任命为陪同大使，护送裴世清再度出使隋朝。

正如日本朝廷诸臣在议论此事时所言：作为使节，死也要不辱使命。这是当时对于外交使节的普遍认识，而小野妹子丢失国书竟然可以轻描淡写地用一句"被百济人劫走了"来应付，而且得以逃脱惩罚，脱罪的理由又如此轻率，不能不让人怀疑其中是否另有隐情。

研究中日关系史的学者认为，接收到"日出处天子至书日没处天子"的隋炀帝，肯定会在返给日本的国书中给予训斥，既然裴世清携带的国书中没有训斥的内容，可以推测很可能这一部分内容会在小野妹子随携的返书之中。所以我们有理由怀疑"百济劫走"说，不过是小野妹子的托辞，小野妹子作为使节，很有可能已经知道了书信中的内容，而百济在当时正有求于隋朝，希望隋朝出兵协助征伐高句丽，在这样的背景下，百济去劫夺隋朝给别国的国书，简直是不可思议的事情。最大的可能性就是小野妹子索性隐下了这一份对日本朝廷有可能造成"侮辱"的国书，而日本天皇作为知情者，也就心照不宣地免去了小野妹子"失却国书"之罪，并且继续委以重任。

回顾日本官方对裴世清的接待，也可观察出一些有趣的信息。裴世清是在推古女皇十六年（608）夏四月抵达筑紫，然后在六月抵达难波，从难波到都城又是两个月。裴世清在日本境内用了近4个月时间才见到女皇，对于这种反常的拖延行为，《隋书》记载日本方面的理由是"不闻礼义，是以稽留境内，

不即相见"。日本人似乎是在筹备
面见使节的礼仪才如此拖延，想来
这并不是主要理由。或许，是日本
朝廷正在探测裴世清手持国书中的
内容虚实，在确认并没有隋帝"训
词"以后，才正式安排了裴世清的
见面。当然，这仅仅是一个推测。

　　遣隋使揭开了中日之间大规
模交流时代的序幕，而在隋朝，日
本和中国的交流已经出现了微妙变

隋炀帝

化。自东汉时期颁发"汉倭奴国王"印鉴以后，中原王朝和日
本之间的关系是册封和朝贡的关系；曹魏、南朝刘宋等王朝都
曾给倭王封号或官衔，而倭王亦自称为臣；自遣隋使开始，日
本寻求一种与中国平等的交流，并在对华外交方面采取了更为
灵活和圆滑的应对手段，这为日本在唐宋之际的对华交往奠定
了另一个基调。

第二节 白村江噩梦

日本古代史籍中，记载有"神功皇后征韩"事件。

日本对于"神功皇后"的时间定位推测，约在公元 200 年至 269 年间，对应的是中国东汉末年到西晋初年。《日本书纪》和《古事记》同时记载了神功皇后事迹，认为她是仲哀天皇的妻子，在仲哀天皇死后掌握朝政，在身怀六甲的情况下主持了跨海远征，迫使新罗臣服。《古事记》中用夸张的语言描述了新罗王的承诺："今后当遵天皇命令，愿为饲马的人，使每年多船船腹不干，舵楫常湿，永行供奉，与天地共无休止。"而《日本书纪》更为离谱，增添了高句丽和百济两国臣服的故事。两国国王在新罗被征服后来到神功皇后军营外，叩头请和，表示"从今而后，永称西蕃，不绝朝贡"。

对于神功皇后是否真实存在，史学界尚有争议。日本史学家一直试图从历史中寻找可能是神功皇后的"人"，比如卑弥呼女王等。但可以肯定的是，神功皇后征服三韩的事迹是子虚乌有的，而近代的日本军阀，还将之引为日本占领朝鲜半岛的"历史依据"。

相反，对朝鲜半岛存在野心的倭国在几个世纪中，对朝鲜半岛的侵夺屡次失败。众所周知，隋炀帝统治时期曾三征高句，成为隋炀帝劳民伤财的罪证之一。尤其是高句丽的婴阳王统治期间（590—618），高句丽抵挡住了隋朝倾国之力的进攻，使得隋朝势力无法完全渗透半岛。事实上，核心区域在关中的隋唐帝国要征服远在辽东的高句丽，必须维持一条漫长的补给线，但从主观上看，高句丽本身也有相当实力。同理，日本要在朝鲜半岛上用兵并且获胜，也面临跨海补给的问题，不要说神功皇后时代的日本，即便是 1300 多年后的丰臣秀吉掌握全日本的资源，手握经过战国战乱洗礼的军队，也无法完全解决长距离补给的问题。历史现实是：倭国在 390—404 年之间攻入朝鲜半岛，就被高句丽人狠狠教训了一顿，高句丽还在此后长时间阻断倭国向中国南朝朝贡的道路。

至于所谓被神功皇后征服的新罗，更是日本的噩梦。新罗是朝鲜半岛上崛起较晚的国家，公元 6 世纪初开始向中国南朝朝贡。但在此前的日本所谓倭五王时期（413—478），中国史籍《晋书》、《宋书》中记载的倭国赞、珍、济、兴、武五王就曾多次遣使朝贡。《宋书》中说南朝刘宋元嘉年间（424—453）倭国来朝，所称的头衔是：使持节，都督倭、百济、新罗、任那、秦韩、慕韩六国诸军事，安东大将军，倭国王。

为了对抗高句丽而朝贡中国的日本，堂而皇之地把朝鲜半岛的大部分地区算作是自己的领地，并且寻求中国方面的认可。这当然是新罗无法承认的。朝鲜半岛南部原有马韩、辰韩、弁韩三大族，新罗崛起于辰韩，百济崛起于马韩。《日本书纪》中宣称日本设有"任那日本府"，对此地采取羁縻性的管理，这也是朝鲜半岛诸大势力所不承认的。

倭国与新罗关系的恶化即发生在新罗真兴王统治时期（540—576），新罗在此时崛起，北抗高句丽，兼攻百济。562年，新罗军队杀向半岛南部的弁韩，吞并了加罗和任那，而对这一地区宣称有控制权的日本对此毫无办法，所谓"神功皇后征韩"在历史上当然根本没有发生，只是日本和新罗、高句丽激烈对抗留下的一道痕迹而已。

在这样的背景下审视日本的遣隋使和早期遣唐使，可以认为这一时期日本使节的主要任务，并不是向中国学习，而是带有一种外交博弈的目的。新罗作为朝鲜半岛新崛起的国家，实力相对于高句丽和百济略弱，因此采取了务实的外交政策——依靠大陆上最强大，且和高句丽有龃龉的唐帝国并结成联盟，伺机而动。而日本的入唐使节，一方面通过各种试探，查勘唐朝的外交态度，特别是试图通过某种方式，造成日本与隋唐帝国平起平坐的既成事实，从而对朝鲜半岛诸国，特别是对新罗构成政治优势，因为新罗对唐朝保持着朝贡的关系。另一方面则是不断刺探中国对朝鲜半岛的政治反应，以期在将来可能的争端中预判形势。

在这种心态下，随着大陆上出现的隋唐更迭，日本开始和一个新的政权打交道。而这一次初体验也并不让双方都感到开心。

《旧唐书》卷一九九《东夷传》与《新唐书》卷二二〇《东夷传》同时记录了唐朝和日本的第一次亲密接触。贞观五年（631），日本派遣出的由犬上三田耜（亦作"犬上御田锹"）和药师惠日率领的第一批遣唐使抵达长安，唐太宗李世民对于这次日本的来访十分重视。然而在唐朝眼中，遣唐使仍然是"朝贡使"，同来自其他诸势力的使节一样。只是唐太宗"矜其道远"，免去了他们"每年一朝贡"的义务。同时，唐太宗还和隋炀帝一样派遣一名使节，随本次遣唐使回国，前去"宣抚"。

这名使者的名字有两个版本：《旧唐书》、《唐会要》、《资治通鉴》和《册府元龟》皆写作"高表仁"，而《新唐书》、《通志》、《通典》、《文献通考》皆写作"高仁表"。

高表仁在史书中被贬斥为"无绥远之才"，因为他这一次到达日本，唯一做的一件事就是与日本朝廷"争礼"，计较见面时该使用何种礼节，这次的争论显然没有任何结果，高表仁一怒之下"不宣朝命而还"。

争论显然更能说明日本和唐朝之间就彼此关系定位的认识产生了偏差，开始追求和唐朝平等关系的日本显然在使节接待礼仪上和自认"上国使节"的高表仁发生了激烈冲突，使得高表仁一怒之下拂袖而去，拒绝颁布国书。而这位没有在礼节争论中说服日本人的使节自然被史官狠狠地记上了一笔，称他没有绥远之才，原因就在于他没有顺利地压服史官心目中的"蛮夷"，顺利地完成外交使节的使命。

　　自这一次外交冲突以后，日本和唐朝的关系进一步走向恶劣，根源仍然是朝鲜半岛政策的冲突。

　　隋唐帝国和横亘在半岛与辽东之间的高句丽有着几代的对抗，隋炀帝和唐太宗都曾经三次征伐高句丽。而唐高宗时代，虽然高句丽保持对唐的"朝贡"，但唐高宗对高句丽"亘堵"新罗的朝贡通道和联合百济频频进攻新罗的举动极其不满。当时的朝鲜半岛，高句丽、百济和新罗三国"并列疆界，地实犬牙，……战争交起，略无宁岁，遂令三韩之氓，命悬刀俎，寻戈肆愤，朝夕相仍"。高句丽与百济联合进攻新罗引起唐朝极大不满，唐朝以大国身份调停，并且警告百济"必须忘彼前怨，识朕本怀，共笃邻情，即停兵革"。唐高宗永徽二年（651），百济派遣使者入唐朝贡，唐高宗给予一封措辞十分严厉的警告诏书：

　　昔齐桓列土诸侯，尚存亡国；况朕万国之主，
岂可不恤危藩！王所兼新罗之城，并宜还其本国；
新罗所获百济俘虏，亦遣还王。然后解患释纷，韬
戈偃革，百姓获息肩之愿，三蕃无战争之劳。比夫
流血边亭，积尸疆场，耕织并废，士女无聊，岂可
同年而语矣！王若不从进止，朕已依法敏所请，任
其与王决战；亦令约束高丽，不许远相救恤。高丽
若不承命，即令契丹诸蕃渡辽泽入抄掠。王可深思
朕言，自求多福，审图良策，无贻后悔。

　　而在《全唐文》中抄录的一份《赐高丽玺书》则更是用带
有威胁性的语气警告高句丽："新罗委命国家，朝贡不阙。尔
与百济，宜即戢兵。若更攻之，明年当出师击尔国矣。"

　　唐高宗显庆五年（660），唐朝应新罗邀请，派遣军队联合
新罗攻灭百济，并且在百济设立百济都护府，以刘仁愿为百济
都护，唐军主力在百济灭亡后撤出百济。隋朝和唐朝初期征伐
"辽东"，一直面临着补给的问题，以百济为例，从百济都护所
在地派出飞驿前往洛阳要40多日的时间，更何况大军行动，辎
重无数，隋朝因此耗费人力修筑了大运河，分担远程运输的压
力。所以唐朝军队主力注定难以在百济长期立足，这给百济复
兴势力一个死灰复燃的契机。

所以，唐朝消灭百济后仅仅不到一年时间，驻百济的唐朝都护政权发现自己陷入了困境之中，尤其是苏定方完成灭百济的任务返国后，唐朝在百济的军事压力骤增，以黑齿常之、鬼室福信、道琛等人为首的百济复国势力啸聚山林，而他们所在的任存山地势险要，易守难攻，闻讯而来归附的百济旧人众多。另有扶余自进等人也在熊津城割据。唐朝军队龟缩在泗沘城中，虽然击退了黑齿常之等人的进攻，但却无法抵挡百济复国军"屯聚伺隙，抄掠城邑"。百济局势的混乱引起了唐高宗的忧虑，他再度派遣王文度率军前去支援，不料王文度在半路上死于新罗，群龙无首的唐朝支援军反而在半路上遭遇百济复国军的伏击，损失了上百人。

　　百济灭国和图谋复国，极大地改变了朝鲜半岛的局势。而百济的灭亡也令长期与中原王朝敌对的高句丽陷入了两面受敌、孤立无援的境地，高句丽的亡国也只是时间问题，唐朝在朝鲜半岛势力的增长已经是既成事实。

　　而这一时期朝鲜半岛的另一利益攸关方——日本，却出人意料地反应迟缓。主要原因在于，在百济亡国的过程中，日本朝廷发生了巨变，使得日本在救援百济时产生了内部分歧。

　　前往隋朝留学的几批留学生和学问僧共十余人在7世纪中叶纷纷回国，特别是随第一批遣唐使于舒明天皇四年（632）归国的僧旻以及舒明天皇十二年（640）归国的高向玄理和南渊请安三人影响最大，他们在隋朝留学近 30 年之久，把隋唐的律令、制度、文化带回了日本。经过深厚的中华文化浸润的日本留学生在回国后，掀起了一场变革运动。

此时的日本正处于权臣统治下，当初圣德太子的政治盟友苏我氏掌握实权。苏我氏经过苏我马子、苏我虾夷两代，到苏我入鹿（亦称苏我鞍作）执政时，其专横跋扈的程度达到巅峰。舒明天皇去世后，苏我入鹿推举了皇极天皇，为了让有苏我氏母系血统的古人大兄皇子继之成为天皇，不惜出兵将当时呼声最高的山背大兄皇子（圣德太子之子）逼死。

贞观十九年（645），当唐太宗因高句丽的权臣渊盖苏文废立国王之事正式与高句丽开战时，日本高层发生了一起重大政变。六月十二日（7 月 10 日），当苏我入鹿应召冒着滂沱大雨赶到天皇的居城板盖宫准备谒见皇极天皇，并陪同接待"三韩"使节时，一场针对他的暗杀为苏我家族和倭王室的权力争夺战划上了句号。

策划这一政变的是皇极天皇之子·中大兄皇子和中臣镰足，中臣镰足即是后来日本政坛把持政权的藤原摄关家之祖。据记载，中臣镰足的祖先是神官，掌管朝廷祭祀宗教事务。中臣镰足早年曾跟随自隋唐留学回来的僧旻学习汉文化，对汉籍尤为赞赏，日夕诵读。当时苏我氏权倾朝野，不可一世。中臣镰足观察朝局如此，拒绝了皇极天皇要求他继承家族传统出任神官

中臣镰足像

的诏令，而是退居三岛，闭门读书，足不出户，一边等待时机，一边物色潜在的"合伙人"。

最先引起中臣镰足注意的是后来成为孝德天皇的轻皇子（皇极天皇之弟）。轻皇子给中臣镰足以"礼贤下士"的印象，他因为足疾请假在家时，中臣镰足曾经前往侍奉，轻皇子素来看重中臣镰足为人，因此命令宠妃阿倍氏清扫别殿，虚席以待。轻皇子的知遇之恩令中臣镰足受宠若惊，于是他向轻皇子许下将来必定拥立其为帝的承诺。

不过轻皇子还不是中臣镰足心目中最理想的"合伙人"。当时苏我氏的权臣苏我入鹿手握大权，飞扬跋扈，中臣镰足曾经和苏我入鹿有同窗之谊，对他的才能有深刻的了解。他意识到要对付这样一个危险的敌人，轻皇子的才能还远远不够。他又在宗室中寻找合适的对象，这一次，他的目光聚集到了性格刚毅的中大兄皇子身上。

不过中臣镰足与中大兄皇子素无交情，如果贸然与之交往，显然会引起苏我入鹿的猜疑。中臣镰足只能在暗中寻找机会接近中大兄皇子。日本史籍中记载了一次戏剧性的"偶遇"。一日，中大兄皇子在法兴寺（今奈良飞鸟寺）蹴鞠（传自中国唐朝的一种古老的足球游戏），恰巧中大兄皇子在踢球时用力过猛，鞋随着球一起飞脱，正好飞到中臣镰足脚下，中臣镰足将鞋捡起，跪奉中大兄皇子，而中大兄皇子也跪迎受之，两人因为这场游戏中的小插曲开始联系，经过一番长谈，发现彼此志趣相投，于是同时拜在南渊请安门下，以学习汉籍儒学为掩护，密谋除去苏我氏势力。

除中大兄皇子外，中臣镰足还打算拉拢一股势力共同对抗苏我入鹿，他看到了苏我入鹿之弟苏我仓山田石川麻吕与其兄不和，他果断决定促成中大兄皇子与苏我仓山田石川麻吕的联合，他劝说中大兄皇子说："成大事者，不可无毗辅。大王宜与苏我石川麻吕，结婚成好，而后与之谋。成功之路，莫近于兹。"又鼓动他劝说苏我仓山田石川麻吕进其女，两派以婚姻关系结成政治联盟。同时，中臣镰足还推荐了佐伯子麻吕、葛城稚犬养纲田两人为辅弼。

六月十二日大雨，中大兄和中臣镰足进行精心策划，所谓的"三韩使节入朝"，很可能是他们编造用以招来苏我入鹿的谎言，诱使苏我入鹿在大雨滂沱中抵达宫中太极殿。中臣镰足在政变中起到了核心作用，他先引诱苏我入鹿解剑，除去他的戒备心。接着，他与中大兄皇子一人持弓，一人持枪，隐于宫中，待机而发，命令海犬养胜麻吕把两柄剑交给佐伯子麻吕、葛城稚犬养纲田两人，让他们先行一击。

可惜两人实在太过紧张，佐伯子麻吕在准备时连食物都咽不下去，只能饮水强吞，吞下去后又呕吐不止。而在外面当着苏我入鹿的面伪为宣读表章的苏我仓山田石川麻吕也是紧张不已，引起了苏我入鹿的怀疑。眼看事情就要败露，中大兄皇子挺枪果断出手，刺向苏我入鹿，佐伯子麻吕、葛城稚犬养纲田两人见皇子已经动手，在中臣镰足的再三呵斥下，挺剑而出，将苏我入鹿乱剑砍杀，政变终于获得成功。

而在苏我入鹿身亡后，中大兄皇子和中臣镰足再主持进行了血腥的清洗，苏我入鹿的父亲苏我虾夷抵抗失败自焚而死。和苏我氏有着亲属关系的古人大兄皇子也在其后惨遭灭门之祸。而作为主要策划者的中臣镰足因此为皇室所器重。他在政变以后又劝说中大兄皇子推荐轻皇子为帝，是为孝德天皇，而以中大兄皇子为皇太子，实践了当初对轻皇子许下的承诺。中臣镰足出任内臣，朝廷特别下诏表示："社稷获安，寔赖公力。军国机务，惟公处分。"

孝德天皇定年号为"大化"。中大兄皇子和他的辅佐者中臣镰足都曾经跟随入隋留学生南渊请安学习儒学，而入隋留学生高向玄理和僧旻又成为政变后成立的新政府的政治顾问——

国博士，这也意味着隋唐文化通过他们成功地渗透到日本的权力核心层。

这场名为乙巳之变的政变被认为是奠定了大化改新的基础。但由于日本史籍记载的混乱和模糊，这一事件仍然存在着许多疑问。从表面上看，这一事件属于朝廷清除权臣的行动，实际上，事件的背后还有更多耐人寻味的细节。

苏我氏是圣德太子崇佛的坚定盟友，从苏我稻目一代开始，历经苏我马子、苏我虾夷、苏我入鹿四代经营，通过联姻，和倭王结成了同盟。更重要的是，苏我氏很有可能是控制当时日本对外"物流"的大家族，关于苏我氏的氏名来源，通说有两种，其一是出身今天大阪府石川一带的豪族，其二是出身于葛城县苏我里，也就是今天奈良县曾我町一带的豪族。不论哪一种说法，我们都可以看到苏我家族具有掌控倭王室核心活动区域的可能性。当时大部分海外传来的物资，都必须通过濑户内海，然后在难波一带转入大和川，而这一时期倭王室的中心活动区域就在大和国高市郡的飞鸟，也就是今天奈良县高市郡明日香村一带。这个山中区域的物资补给极度仰赖水运，而领地核心在大和国苏我里，控制曾我川和高取川汇合枢纽，领地触及河内国的苏我氏掌握住了难波到大和川一带的水运命脉，从而能实现擅权的目的。

因此，这场乙巳之变从另一个角度看，就是倭王势力和苏我势力争夺朝权的一次内斗，而将苏我氏看作是后来日本朝廷引进唐风文化的绊脚石则大可不必，因为苏我氏本身就是竭力支持对外交流的人，甚至苏我氏和自朝鲜半岛而来的渡来人集团有着深厚的渊源关系，渡来人集团自命为秦氏和汉氏，但应该与他们自称的所谓秦汉后裔没有什么关系，他们基本是朝鲜半岛战争的难民，有一定的汉学修养，逃奔到还处在部族统治下的倭国，能为后者带来大陆上的先进文化。这些渡来人就和接受大陆文化的急先锋苏我氏结成了政治同盟，或者说，他们是依靠苏我氏才能打入日本的核心政治圈，但当苏我氏在政治上失意后，他们果断又站到了倭王室一边，比如从渡来人汉氏分出的东汉氏，曾经是苏我氏的得力爪牙，但在乙巳之变前的紧要关头，他们选择接受中大兄皇子的劝诱，在讨伐苏我虾夷的过程中保持了中立。

所以，乙巳之变的结果就是让倭王族掌握了政治权力，从而使日本的主要掌舵者从苏我氏集团转移到中大兄皇子为核心的倭王室集团手中，而这个新的集团，对苏我氏的政策并不是做了颠覆性的改变，而是有一定的延续性。

其表现在对外关系上，就是乙巳之变后的孝德天皇继续派遣遣唐使，且派遣的密度、人数、次数皆前所未有。孝德天皇白雉四年（653）五月，日本朝廷同时派遣了两批遣唐使，分两舶前往唐土。这一次遣唐使很可能分为南北两路，各120人。

其中，由吉士长丹和吉士驹为正副使的一舶顺利抵达唐土，带去了诸多入唐学生和学问僧，该舶在次年七月回国，随船还带回了新罗、百济使。而由高田根麻吕和扫守小麻吕为正副使的另一舶就没有这样好的运气，他们在萨摩国萨麻郡附近遇难。推测这两舶命运的不同很可能是因为选择路径的不同，吉士长丹一舶很可能选择的是相对安全的北路，而高田根麻吕一舶选择的则是相对危险的横跨东海的南路，因此在出航过程中不幸成为日本开拓前往中国的新航途的牺牲者。

就在这一次遣唐使尚未回国的白雉五年（654）二月，由高向玄理为押使、河边麻吕为大使、药师惠日为副使的第三批遣唐使启航，而这一次遣唐使的押使高向玄理和大使河边麻吕都去世于唐土未能归国，到第二年八月，由副使药师惠日率队归国，此时已是齐明天皇统治时期。

孝德天皇的两次遣唐使派遣被认为是日本在一段时间内亲近唐朝的标志，事实上，在改元"大化"以后，从唐土留学归来的僧侣和留学生就在新政府中起到了重要作用，其中的出类拔萃者就有僧旻、南渊请安和高向玄理，三人都跟随之前的遣隋使小野妹子前往中国，在中国留学超过20年。其中僧旻随同第一次遣唐使于舒明天皇四年（632）回日本，在华学习佛学和易学长达24年，南渊请安和高向玄理则于舒明天皇十二年（640）经新罗归国，在华留学30多年。南渊请安为乙巳之变提供了重要的协助和建议，高向玄理则和僧旻一样作为国博士，对孝德天皇政府的改革提供意见。在这两人的协助下，日本开始向唐朝式的律令制国家发展。

然则这种发展并不是完全地照搬唐朝模式，从大化年间开始改革的日本，不可能在短短几年间打散根深蒂固的氏族统治秩序，建立起新的律令制国家，只能在原本的制度上循序渐进。而就在改革甫铺开的时候，唐日之间的多年摩擦终于爆发为一场直接冲突。

对于这场彻底改变东亚政治局势的关键之战，《旧唐书》中记："仁轨遇扶余丰之众于白江之口，四战皆捷。焚其舟四百艘，贼众大溃，扶余丰脱身而走。伪王子扶余忠胜、忠志等率士女及倭众并降。百济诸城皆复归顺。"

这简单的描述背后是让日本刻骨铭心的一次惨败。战争的缘起是百济复国，日本和百济是一对"欢喜冤家"，两方存在互相利用关系。在百济复国运动兴起以后，自认为羽翼丰满的日本起了想再次插手半岛的野心，执掌日本政权的中大兄皇子（是时，孝德天皇和中大兄的母亲齐明天皇都已经去世，中大兄仍以"素服称制"的形式掌握政权）认为有机可乘，于是决定派遣军队把流亡日本的百济王族扶余丰送回半岛，扶植他复兴百济，从而达到操纵百济进而掌控朝鲜半岛的目的。

日本的这个如意算盘当然打不响。当时的日本，在军事和经济上都并不是尚在全盛期的中国唐朝的对手。要从唐朝手中夺取朝鲜半岛的主导权几乎是梦呓之语。

战前，唐与百济发生重大的变化。唐朝方面，决定重新起用名将刘仁轨，这位在朝鲜战场上有丰富经验的老将很快率军赶到百济，和留守的刘仁愿部会合，成为唐和新罗联军的指挥者。另一方面，百济的扶余丰在上岸后，很快和留在半岛的百济复国军首领鬼室福信发生激烈冲突，鬼室福信被杀。扶余丰的内斗举动让他在百济陷入了相对孤立，同时，日本对其的支持也并不能为其声望加分。

刘仁轨率领的唐新联军水军与刘仁愿、孙仁师率领的陆军于龙朔三年（663）六月从熊津城出发，直扑日本百济联军的巢穴周留城。唐新联军的陆军首先袭击了豆良伊城下的日军，迫使日本和百济联军仓皇上船，集中到白村江口。刘仁轨率领的唐新联军水军就在十天后于白村江口遭遇日本百济联军的水军。双方在装备上的差距决定了战斗的结局——唐朝水军的船只远大于日本船，以大型的战舰包围阻

佛坐像（唐高宗年间制，洛阳龙门奉先寺遗址出土）

截小型的倭船，用火攻和跳舷战术发起进攻，对日本水军进行了四次追击中的围歼，因此打出了"海水皆赤"的惨烈场面。1000艘倭船中，有400多艘被击毁击沉。这一战，彻底摧毁了日本试图通过干预百济复国进而立足朝鲜半岛的野心和愿望。

白村江之战称得上是中日朝三国关系史上一次具有重大转折意义的战役。此战过后，日本基本退出了朝鲜半岛的政治舞台。新罗在唐朝的军事政治支持下完成了对朝鲜半岛的统一，使东北亚的地缘政治格局出现了新的变化。

第三节　何以日本

日本名字的由来，传统观点是来自于所谓的"日出处天子"，然则，如上文所言，这一说法有很大商榷余地。关于日本，目前的考古发现给予了我们更多的史料。

2004 年 8 月发现于西安的遣唐使井真成墓志铭为学术界提供了一条重要信息。井真成为日本遣唐使节团的成员，根据墓志铭记载，其去世于唐开元二十二年（734）。而这一方墓志中，如是写道：

> 公姓井，名真成，国号日本。才称天纵，故能
> 衔命远邦，驰骋上国。

井真成这个名字，其实在中日双方的其他史料中是很难查找到的，因为在日本文献的姓氏中并没有"井"氏，而"真成"这个名字也很有可能是来中国以后所取的汉名。也就是说，汉

井真成墓志铭

名"井真成"究竟对应的是哪一个日本名字，今天已经无从稽考。这是题外话。这方墓志引起众多学者注意的是"国号日本"这句话，在墓志被发现后，当时日本的《朝日新闻》、《每日新闻》、《读卖新闻》等各大媒体都做了重大报道，认为这是记载日本国名的最古老的一份实物材料，说明至少到公元734年，日本这个国名已经出现了。井真成来华的时间，根据学者的考证，应是开元二十一年（733），他应该是日本天平五年（733）从难波出发的多治比真人广成使团的一员，而他去世的时间距离他到达中国大约只有几个月。墓志铭中还记录说，唐玄宗对井真成的去世非常哀痛："皇上愍伤，追崇有典，诏赠尚衣奉御，葬令官给。"

当然，"最古老材料"这一说法并不十分确切，在井真成墓志出土当时，就已经有专家学者指出，中国台湾学者曾经见到一份有"日本"国名的更早的实物资料——《杜嗣先墓志》。这一方墓志中有这样一句："又属皇明远被，日本来庭，有敕令公与李怀远、豆卢钦望、祝钦明等宾于蕃使，共其语话。"

这里所说的"日本来庭"，很有可能指的是粟田真人为正使的大宝元年（701）遣唐使，这一次遣唐使在大宝二年（702）启程，庆云元年（704）归国，而杜嗣先和他们交流大约就在这个时间内。

《杜嗣先墓志》下落现已不得而知（它是学者在一家古玩店所见），《井真成墓志》就成为一件非常重要的可研究的文献资料，为我们提供了唐朝时期遣唐使的活动、待遇、交往等情况的诸多细节，在出土以后，就引起了热烈讨论。

日本国名的出现，如果从中国的古籍文献中去追索，同样可以得到一个大致的答案。《新唐书·日本传》中说："日本，古倭奴也。……咸亨元年，遣使贺平高丽。后稍习夏音，恶倭名，更号日本。使者自言，国近日所出，以为名。或云日本乃小国，为倭所并，故冒其号。使者不以

粟田真人

情，故疑焉。"根据这一段记载，倭改名为日本，是唐高宗咸亨元年（670）以后的事，至于具体是哪一个时间，《新唐书》的作者并没有直说。当然，在唐朝宰相张九龄的《曲江集》中，有张九龄拟稿的《敕日本国王书》一封，这一封书信中提到的日本遣唐使正是井真成所属的多治比真人广成使团一行，这一批遣唐

使分为 4 舶，第一舶在天平六年（734）十一月归国，第二舶在天平八年（736）七月归国，第四舶则在中途遇难，没有回到日本。而书信中提到了遣唐使"飘入南海"的事故，应该是指该使节团的第三舶漂流到昆仑（今东南亚一带），仅使节团的判官平群广成等人在日本天平十年（738）十一月回国。因此，这封中国官方承认日本国名的信件，是在734—738年之间书写的，和《井真成墓志》相契合，这也说明，在井真成到达中国时，无论是日本来华文书，还是中国官方，都已经认可"日本"的国名。

在《杜嗣先墓志》中提到的和杜嗣先交谈的遣唐使粟田真人，是在一个特殊的历史背景下来到唐朝的遣唐使。首先，在他被任命为使节的 701 年，日本颁布了《大宝律令》，从《大宝律令》开始，日本正式以法律文献的形式确定对外的国名为"日本"。而中国方面，在天授元年（690），武则天正式代唐称帝，改国号为"周"，这也是遣唐使第一次和武周政权发生接触。所以在《续日本记》中这样记载，粟田真人在登陆以后，自称为"日本国使"，而遇见使节团的中国人仍然称呼他们为"大倭国"。可见，"日本"这个名字还没有被中国方面普遍接受。

《大宝律令》今天没有完整保留下来，所以我们无法得知《大宝律令》确定日本国号这一说法的正确性。但如果这一说法是对的，上述事实也说明，在日本确定国号以后，中国也经历了一段时间才接受这一说法。而《杜嗣先墓志》中出

现"日本来庭"，说明它制作的那个时间 —— 唐玄宗先天二年
（713），中国已经有人接受"日本"的称呼。

所以，我们可以把"日本"这个国名的出现到中日双方都
使用的时间，大致确定在701—734年之间，大致是武则天统
治后期到唐玄宗统治时期，这一阶段，中日双方在频繁的交往
中，逐渐把"倭"改称为更雅的称呼"日本"。有意思的是，
考古的新发现，再一次使这个问题产生了争议。

2011年7月，一方新的墓志 —— 入唐百济人祢军的墓志
在西安出现，引起了学术界的热烈讨论。墓志中记载，祢军于
仪凤三年（678）在唐长安县延寿里的府宅中去世，同年十月
安葬，墓志应该就作于此时。而在墓志中出现了这样一句话：
"于时日本余噍，据扶桑以逋诛；风谷遗甿，负盘桃而阻固。"
这里的"日本"，如果确实是指今天的日本国 —— 当时的倭
国，那么无疑这一墓志的发现，能把日本国名的出现及中国官
方的承认再向前提前到公元678年。根据祢军墓志中记载："葬
事所需，并令官给，仍使弘文馆学士兼检校本卫长史王行本监
护。"无疑，墓志的文字也必须经过官方认可。

当然，有学者并不同意这里的"日本"指的是倭国。日
本学者东野治之就提出这里的"日本"指的应是朝鲜半岛，而
中国学者葛继勇、马云超等人也持同样看法。这段文字前面讲
述的是唐高宗显庆五年（660）唐军出兵攻灭百济的事件，"去

显庆五年，官军平本藩日，见机识变，杖剑知归。似由余之出戎，如金磾之入汉"。也就是说，墓志的传主祢军是在唐朝攻灭百济时投降唐朝并出任唐朝的官职。而在这段文字以后，墓志铭叙述说祢军曾经受命前往招抚，"以公格谨海左，龟镜瀛东，特在简帝，往尸招慰"。回顾唐朝当时在朝鲜半岛上的军事行动，结合祢军的个人身份考虑，显然祢军招抚的对象是参与百济复国运动的百济人，并不是日本。

从这一角度出发，再去看中间那段"于时日本余噍，据扶桑以逋诛；风谷遗甿，负盘桃而阻固"，这段文字显然说的是百济复国运动，"余噍"和"遗甿"相对，都是讲述国家灭亡后的遗民之意，当时的日本并没有亡国，其后也没有，所以不可能存在"日本余噍"的一群人，于情于理都不合适，所以可以推断，这里的"日本"并非国号，而是另有别意。

所以，东野治之先生也指出，所谓"日本"、"日域"同样可以被中原王朝视为东方的代名词，在历史上也有用来称呼位于东面的朝鲜半岛的实例。从这篇祢军墓志的行文看，这里的"日本"很难说就是倭国的国号，也并不能作为"更名日本"的证据。

更名日本的问题，目前的研究可能仅仅到此，如果有更多新的研究资料和成果出现，很可能我们会有更为准确的认识。

第二章

一场白村江战役，打得日本刻骨铭心，而东北亚局势的变化让遣唐使也发生了重大的变化。这种变化首先表现在来华路线的变化上。那么，遣唐使为什么要选择变更来华路线呢？他们到大唐来，究竟何求？他们从大唐带回的，又有哪些成果呢？

一舶南来

第一节　遣唐使南来

　　新罗统一朝鲜半岛是东北亚局势的一个重大改变，带来了许多深远影响。其中一个就是日本遣唐使路线的改变。

　　隋朝时期来到中国的日本遣隋使，所走的是一条传统的路线，也就是所谓的"登州海行入高丽渤海道"。中国南北朝时期，南朝和日本的交流主要依靠这条路线。而这条路大致可以分为两种走法：从日本的难波，经过濑户内海一侧的山阳道，前往九州北部的筑紫，在这里过海，经过壹岐岛和对马海峡，到达朝鲜半岛南部的百济。从这里分途，或从半岛南部直渡黄海，在山东半岛的登州登陆，或沿着朝鲜半岛的西海岸一路北上，顺着渤海湾的海岸线在辽东半岛的东海岸横渡渤海，在山东半岛的登州等地登陆。所以，登州成为当时唐日交流的一个重要港口。

　　唐朝初年，日本遣唐使大致采用的也是这一路线，而隋唐政府派员出使日本，也会走这一条道路的"逆转版"。《隋书·东夷传》记载说，隋朝派裴世清出使日本，使节抵达百济，然后再南渡，经济州岛海域，到对马、壹岐和筑紫，沿着山阳道前往倭国的政治核心区域，可见这一通道是隋及唐初中日交流的常用道路。

但在唐中期，中日之间的贸易通道发生了重大的变化。

日本文武大宝元年（701）正月，以粟田真人为大使的遣唐使，是时隔多年以后的又一次中日交流（上一次遣唐使是在669年派遣），粟田真人担负了在白村江之战多年以后修复中日关系的任务，而这一次的遣唐使，走了一条相对陌生的道路。粟田真人的船队从筑紫的西岸南下，到达所谓的"南岛"（指九州以南的种子岛、屋久岛、德之岛等岛屿），从那里出发直接横跨东海，在中国长江口一带登陆转向洛阳、长安。这条路线相对传统的"北路"被称为"南路"。后来的遣唐使也有不经过南岛，从九州北部的值嘉岛（今平户岛及五岛列岛）出发，顺风横跨东海，到达中国南方长江流域。从粟田真人开始，遣唐使多走南路，南路成为唐日交流的重点航线。

粟田真人并不是第一个走南路的遣唐使，早在孝德天皇白雉四年（653），日本在派遣第二批遣唐使时，特别将使节团分为两拨人，吉士长丹和高田根麻吕分别作为两拨遣唐使的正使，走南路的高田根麻吕不幸在萨摩国萨麻郡遇难。

其实，走南路需要承担的风险很大。

藤原清河像

圣武天皇天平五年（733）出发的以多治比广成为大使的遣唐使共有四舶，其中第三舶漂流到昆仑，仅有判官平群广成等4人幸免。

孝谦天皇天平胜宝四年（752）出发的以藤原清河为大使的遣唐使共有四舶，其中第一舶在归国时漂流到安南，使节团成员多被当地的土著杀害。大使藤原清河未能归国，因此返回唐朝，出仕于唐。

光仁天皇宝龟八年（777）出发的遣唐使，正使佐伯今毛人因病未去，事后他发现自己躲过了一次劫难。代行正使职责的副使小野石根在归国时乘坐第一舶，带着唐朝使节赵宝英和藤原清河之女喜娘，在途中遭遇海难，船只破裂。小野石根和赵宝英溺死。船尾和船头分别漂到了天草和甑岛。随行的第二舶漂到了萨摩出水郡，第三舶漂到了松浦，第四舶漂到了甑岛。

桓武天皇延历二十二年（803），以藤原葛野麿为正使的遣唐使从难波出发，不久就遇见暴风毁坏船只。不得已延期一年到第二年七月才出发。其中的第三舶从肥前松浦郡出发，遇见南风，一些漂到了孤岛，船上另有一批人漂流不知去向，于是这一舶所有人都未能抵达中国。

仁明天皇承和三年（736），以藤原常嗣为正使的遣唐使从筑紫出发，刚出海就遇见暴风，第三舶破损，第二年再度出发，仍然遇见暴风。到承和五年（738）才得以成行。在返回日本的时候，第二舶漂流到南海，还和当地的土著发生了冲突，船上的菅原尾成等人奋力击退了贼人，并且收集材料制作船只，才漂回了九州的大隅。

以上惨痛的海难史几乎全部发生在遣唐使选择南路或南岛路时，而遣唐使选择走北路时发生的海难则很少。齐明五年（659），以坂合部石布为正使的遣唐使团第一舶在走北路时遇风漂流到了南岛，正使坂合部石布被不明真相的岛民所杀，有 5 人夺取了岛民的船只漂流过海，到达了唐朝的括州。

既然南路如此危险，那么日本为什么要放弃惯常而又安全的北路改走南路呢？

首先，从效率方面而言，走南路究竟能省多少时间？有一个典型

藤原常嗣像

的例子：日本仁明朝承和五年，即唐文宗开成三年（838），日本僧人圆仁随同日本遣唐使藤原常嗣一行前往中国，根据其本人的记载：圆仁一行于承和五年六月十三日出发，十七日到达博多附近的志贺岛，二十二日趁风离开志贺岛前往中国，在海上随风漂流七日，于七月一日到达中国扬州。这一期遣唐使前往中国的路线应该是取道南路，即博多直接东渡借东北风向西南方向前进并在中国扬州登陆。而圆仁于唐宣宗大中元年（847）回国时，取道登州，九月二日，从登州赤浦起航出发，四日到达新罗界内，十日到达肥前国的鹿岛，一直到十七日才到达博多西南的能举岛，历时十五天。如果减去中间等候风信的两天，也应该有十三天时间，比博多前往扬州的七天时间要多一倍。南北路线的长度还可以从遣唐使的行程佐证，初期遣唐使循北路登陆山东，由于航海技术的限制，在朝鲜半岛沿岸多次停泊需要数十日才可到达，中期遣唐使则一般行南岛路，在南岛停泊多次，时间与北路差不多，而最快的则是南路，从值嘉岛直接横渡到扬、明二州登陆，在路程上更为快捷。

但是，南路快捷并不能完全解释日本当时为何放弃安稳的北路而改走风险巨大的南路。毕竟，体验过南路快捷的圆仁也曾经被路上危险的海上暴风雨惊吓过，他在《入唐求法巡礼行记》中记载说：

> 爰东风切扇，涛波高猛，船舶卒然趋升海渚。
> 乍惊落帆，桅角摧折两度。东西之波互冲倾舶，桅
> 页着海底。舶橹将破，仍截桅弃柁，舶即随涛飘荡。
> 东波来，船西倾；西波来东侧，洗流船上，不可胜
> 计。船上一众，凭归佛神，莫不誓祈，人人失谋。

他们在海上遇见风浪，船只犹如狂风中的一片落叶任由东西，桅角两次被打折，急忙收了船帆，船橹将破，只能放弃掌舵，任由船只随浪颠簸，船上的人除了念佛，什么都做不了。

明代的李言恭、郝杰著有《日本考》，在第一章《倭船》中，就对日本制造的糟糕的船只进行了描写：

> 日本造船与中国异，必用大木取方，相思合缝；
> 不用铁钉，惟联铁片，不使麻筋桐油，惟以草塞觥
> 漏而已。……其底平不能破浪。其布帆悬于桅之正
> 中，不似中国之偏。桅机常活，不似中国之定。惟
> 使顺风，若遇无风、逆风，皆倒桅荡橹，不能转
> 戗。故倭船过洋，非月余不可。

这里提到的船是明代时期的倭船，明代的日本船只仍采用大木打造，船底平，因此不能适应远洋航行的需求。同时，其

帆的设计落后，也不能适应逆风或无风航行的需求。日本在这些船只设计和制造上的问题可谓由来已久，遣唐使船就已经为这些问题所困，在横跨东海的远程航行中，落后的造船技术成为拖后腿的一环，必须部分地为频发的海难负上责任。

所以，从这个角度看，南路的速度快并不等于效率高，毕竟对于当时的日本来说欲速则不达。

舍北取南，首先一个重要的原因就是朝鲜半岛局势的变化。《新唐书》中记载：日本因为"新罗梗海道，更繇明、越州朝贡"。在隋朝和唐朝初期，日本使节团走北路时，能在朝鲜半岛停留。由于日本航海技术的落后，北路航线其实是时走时停，可以靠岸获取补给和躲避风浪，相比之下，南路是直接横跨东海，这就使得北路的安全系数大大高于南路。然则自唐朝支持新罗统一朝鲜半岛以后，日本在朝鲜半岛失去了立足之地，特别是和日本素来关系良好的百济的灭亡，令日本在朝鲜半岛南端丢掉了重要的航行中转站。而新罗统一战争中日本的"站队"也令日新关系在一段期间内进入紧张的状态，在这样的背景下，日本就无法继续循着必须经过朝鲜半岛沿岸的北路航线进入大陆，不得不另行谋求新的航线。即便在此后，日本和新罗的关系有所修复，但是日本仍然会继续寻求不通过朝鲜半岛的途径，避免在对唐外交方面受制于人。

第二，这一时期南岛都已归属日本，为日本取道南岛路赴唐带来了很大的便利。《日本考》记载："海外有秧子坞，养久山坞，叶落埠三岛，乃海之咽喉，琉球及南海道贡船，必由此而分行：南行系琉球，西行系大唐。"这就意味着日本赴唐南路航线一定程度上可以获得一个暂时的中途落脚点，为日本航线引向南路开启了一个契机。同时，这一时期的日本仍然有对外扩张的意图，在其后平安初期的桓武天皇统治时期，还派兵北上征服虾夷，而遣唐使经由刚归附的南岛区域，也有对尚未驯服的南岛宣扬王化的意图成分。

第三，在唐朝中期，东北亚的局势发生了变化。首先是唐玄宗天宝十四年（755），安史之乱爆发，在战争结束后，北方长期处于藩镇割据的混乱局面，山东半岛原本是中日交流北路的重要登陆点，此时也开始被藩镇所占据。永泰元年（765），平卢镇发生军变，原节度使侯希逸被李正己驱逐，朝廷承认了李正己的节度使地位，李正己手中握有"淄、青、齐、海、登、莱、沂、蜜、德、棣等州之地"，其后，又借李灵曜之乱，获得曹、濮、徐、兖、郓，成为山东半岛独霸一方的大藩镇，而唐日贸易早期的重要港口登州就从属于李正己的平卢淄青节度。到建中二年（781），李纳继承平卢淄青节度使职务，和李希烈、朱滔、王武俊、田悦等合谋，"伪称齐王，建置百官"，公开和唐朝中央政权对抗，在这样的背景下，山东半岛就很难作为稳定的唐日交流的登陆点了。同时，从 7 世纪开始，渤

海容谈瀛洲——唐宋之际的中日交流

大阪府住吉大社（明治时期旧照），为遣唐使出发时祈祷风平浪静的神社

海国的局势也并不稳定，这也给日本遣唐使继续利用北路带来麻烦。

所以，从 8 世纪中叶开始，原本绕行北路的日本遣唐使，转而将视野转向南边，顶着风浪，冒着生命危险，为了吸收唐朝的文化，为了促进中日的交流，砥砺前行。

第二节　遣唐使在中国

日本史料《续日本纪》记载：天宝十二年（753）癸巳正月朔，唐玄宗在长安大明宫的含元殿接受百官和诸蕃使节的正月朝贺，在这一次大朝会上，发生了一个小插曲。

以藤原清河为大使，吉备真备、大伴古麻吕为副使的遣唐使恰好在前一年抵达中国，参加了这一次朝会，而在朝会上，日本使节位于西侧的第二席，在吐蕃使节后；望向另一边，新罗使节位于东侧的第一位，在大食国之上，日本副使大伴古麻吕当场表示了抗议，而抗议竟然被唐朝政府接受了，指令日本和新罗互换位置。

这一段史料仅见于《续日本纪》，本着"孤证不为证"的精神，我们如今更认为这很可能是《续日本纪》中的一次"吹嘘"，炫耀所谓的日本对新罗的外交胜利，在史书中羞辱一番新罗。事实上，《续日本纪》记载的大伴古麻吕提出的"换位"理由就十分荒谬："自古至今，新罗之朝贡大日本国久矣。而今列东畔上，我反在其下。"所谓的新罗朝贡日本本身就是一件子虚乌有的事情，即便唐朝政府接受日本的说法，在场的新罗使节竟然没有反唇相讥而是乖乖接受了换位，怎么看都是一件不可思议的事情。

而有趣的是，在唐朝政府进行重要仪式时，日本的排位本应是在新罗之前的。根据《旧唐书》卷二三《礼仪三》记载：唐玄宗开元十三年（725）十一月封泰山，在朝觐帐殿接见百官和"朝献之国"，其记录的顺序就是"突厥颉利发，契丹、奚等王，大食、谢䫻、五天十姓，昆仑、日本、新罗、靺鞨之侍子及使，内臣之番"。日本名列新罗之前，在此后的天宝年间，唐玄宗显然没有必要改变这一固有的礼制。

这则有趣的史料倒能让我们一窥遣唐使在中国的待遇。登陆中国以后，遣唐使的使命才刚刚开始，他们即将面临艰巨的外交任务和学习任务，同时，前往长安充满艰辛。

唐朝中后期来华的遣唐使大多是在中国南方的明州（今宁波）、越州（今绍兴）或是长江口登陆，使节团上岸以后要做的第一件事情，就是找个当地人来问一下到底漂到了哪里。因为走南路的遣唐使漂流到中国南方的哪一个位置几乎都要靠洋流和风向来决定，靠天眷顾的航行特点使旅途充满了不确定性。在搞清楚落脚何处以后，接下来的任务就是要寻找唐朝的州县官员。跟随藤原常嗣前来中国的圆仁记录说，他们七月一日一上岸，首先找了一个卖芦人，询问所在地，得到的答案是："此是大唐扬州海陵县淮南镇大江口。"于是他们开始张罗着寻找当地州县官员，最早和他们接触的是当地的盐官，给他们带来了慰问，但此后"虽经数日，未有州县慰劳，人人各觅便宿，辛苦不少"。到了九日，终于有海陵镇大使刘勉送来酒饼，时值夏天，江南地带暑热异常，许多人因为水土不服得了赤痢。到了二十三日，遣唐使一行才到了海陵县，县令把他们安置在当地的寺院暂时居住并且借机索要"奉钱"。到了八月一日，大使藤原常嗣才获准进去面见扬州都督李德裕，这才算正式和唐朝官方接上了头。

遣唐使在经历风浪以后，本已是"疲敝之师"，亟需晾晒随身的货物并且获得妥善的安置，有良好的驿舍和适合的食物去适应中土的水土气候，但事实上，遣唐使登陆以后，不得不再度奔波一个月才能获得这些。

而在此后，多达四舶数百人的使节团中，只有极少数人可以前往大唐的首都长安，少时是 20 多人，多时是 40 多人。藤原常嗣的遣唐使团中，有 35 个人获得批准前往长安。唐朝官方要承担这批人的沿途食宿和安全，从南方的明州、越州、扬州前往长安，走的往往就是从隋朝通航的大运河，这段路途同样漫长。藤原常嗣从十月五日乘船发赴长安，到当年的十二月三日才赶到长安郊外的长乐驿，而包括圆仁在内的大批使节团成员，只能在扬州、明州、越州各处等待和入京使节团重聚。

唐朝官方会派遣以宦官担当的敕使前来驿站慰劳并且将他们带入长安城，安置在接待外国使节的鸿胪寺下属的客馆中，到唐朝中后期，会安排居住在礼宾院。随后择期进入宫廷，由皇帝接见。

自从唐高宗以后，唐朝的主要宫廷是在长安城东北端的大明宫。这个四倍于今天的北京故宫范围的庞大宫殿群，最宏伟的建筑是含元殿，然则日本使节可能很少有在含元殿受接见的机会，唯一一次可能就是上文提到的天宝十二年（753）正月，藤原清河恰逢其会参加了正旦朝。大部分时候，唐朝皇帝接见日本使节，会在含元殿后的宣政殿，这里是常朝的殿堂，也是大明宫中利用率最高的大殿。有时候，当皇帝身体不佳，或者希望对使节表达特殊恩宠的时候，会在内朝的紫宸殿接见。紫宸殿其实已经是皇帝的寝宫，在唐大明宫中，宣政殿称为"正衙"，设立皇帝的仪仗，而紫宸殿属于便殿，不设仪仗，特殊时期需要在紫宸殿接见，须从宣政殿传唤仪仗，百官随仪仗而入。在会见的时候，日本使节就要呈递上国书，并且奉上进贡的物品。其后，皇帝会在宫中赐宴招待。

有日本学者提出，遣唐使在大明宫中接受赐宴时所在的"内里"指的是紫宸殿，因为遣唐使所称呼的"内里"，很可能是将日本的内里前殿比附大明宫中的同位置的紫宸殿。在日本奈良时代，平城京的内里前殿就是举办宴会之地，到了平安时代的弘仁九年（818），在以唐名命名宫殿时，就将内里前殿改为紫宸殿，这也很可能是受到遣唐使带回的信息影响。但实际上，唐朝皇帝若是在紫宸殿宴请使节，往往可以看作是对使节的特殊恩宠。窃以为日本使节接受赐宴的地方，大部分时间应该是在麟德殿。麟德殿位于大明宫西面右银台门内龙首原北坡的一个高地。唐代诗人张籍的诗中说："廊下御厨分冷食，殿前香骑逐飞毬。"这里既有廊下御厨这样的服务设施，也有大片的娱乐场地可以开展唐朝宫廷喜爱的马球运动，更重要的是，这里的地势比含元殿还高，可以眺望大明宫中烟波浩渺的太液池和蓬莱山的景象。大明宫太液池是宫中规模宏大的皇家园林的核心，在池中央有仿照海上三仙山而填筑的蓬莱、瀛洲、方丈三岛，不知道当时的遣唐使在麟德殿遥望太液池时，是否会油然而生思乡之感。

部分遣唐使及随从人员会得到唐朝皇帝的赐官。遣唐使藤原常嗣被唐朝政府授予云麾将军、检校太常卿、左金吾卫将军，大体上和其在日本担任的官职品级相符。当然，唐朝政府赠给藤原常嗣这样的外国使节的职衔是虚衔，在其职衔后还有一句"员外置同正员"，意味着他获得的职位是名义上的，是唐朝政府给予外国使节的一种殊荣。

如果遣唐使的随从人员中有滞留在中国的，那就会变成唐臣，如阿倍仲麻吕（晁衡）。

阿倍仲麻吕在养老元年（717）跟随多治比县守为大使的遣唐使团来到中国，获准在长安留学，他甚至通过了中国的科举考试，因此被唐玄宗任命为洛阳司经局校书，随后历任左拾遗、左补阙、卫尉少卿等官。天宝十二载（753），遣唐使藤原清河回国，阿倍仲麻吕准备随同回国，但他们乘坐的第一舶不幸漂流到安南，阿倍仲麻吕和藤原清河等在天宝十四载（755）回到长安。

阿倍仲麻吕纪念碑（摄于中国京杭大运河博物馆）

阿倍仲麻吕这一次回国，著名诗人王维写有《送秘书晁监还日本国》，这里的秘书晁监即指当时担任秘书监的阿倍仲麻吕。阿倍仲麻吕随后经历了安史之乱，在肃宗上元元年（760）至代宗大历二年（767）年间，任官左散骑常侍、镇南都护、光禄大夫兼御史中丞，爵封北海郡开国公。其中，镇南都护为他的职事官，他在晚年作为大唐的正三品镇南都护前往南方的交州赴任。左散骑常侍是门下省的谏官，此为加给他的荣衔，光禄大夫为从二品文散官，御史中丞为宪衔，开国公为正二品爵位。而他去世后，唐

阿倍仲麻吕明州望月，葛饰北斋绘

朝政府如对功勋旧臣一样追赠潞州大都督，这些官职足见唐朝中央对阿倍仲麻吕的倚重和荣宠。

　　如阿倍仲麻吕这样的来唐日本人不在少数，上文提到过的井真成亦是其中之一，作为遣唐正使的藤原清河，在无法返回日本的情况下，也在唐任官，出任秘书监。这些实例，也显示出了一种海纳百川的盛唐景象。

　　这也是遣唐使的时代又被称为中日交流黄金时代的原因。

第三节　遣唐使带回了什么

2017 年，在奈良国立博物馆举办的第 69 回正仓院展中，展出了两面硕大的铜镜。

一面是鸟花背八角镜，在镜背中央的圆钮左右，环绕着两只展翅欲飞的凤凰，而在镜钮的上下，各有一只身插双翼的雄俊神兽，上为麒麟，下为狻猊。镜子的铸造工艺十分高超，动物的形象栩栩如生，凤凰背部的斑纹、脚爪，神兽的毛发、牙齿都刻画得十分精细。

另一面是盘龙背八角镜，镜背面中央的镜钮被塑造成龟背的形状，周边衬托莲花座，两条交首而立的蟠龙飞舞在两旁，而龙的下方是山岳，山脚下还刻了两只鸳鸯。这面铜镜的铸造工艺同样是注意细节的类型，龙背上的鳞片、龟背上的山纹、鸳鸯的姿态无不纤细入微。

两面铜镜的化学成分组合经过测定，铜含量在 70.3%，锡含量在 23%—24%，铅含量在 5.2%—5.3%，被认为是中国唐朝所制作的铜镜。

　　唐朝时期是中国铜镜铸造技术的辉煌时期，唐代的铜镜一方面突破了汉镜单纯圆形的造型设计，出现了方镜、八角镜等诸多造型。另一方面在纹饰上兼收并蓄，吸收了许多周边民族的艺术元素，同时纹饰更为精美，铸造更精巧。这两面铜镜就纹饰和铸造技艺来说，似乎很可能是由唐朝政府回赐给遣唐使的官方礼物，被遣唐使带回日本以后，由日本朝廷珍而重之地收藏，然后作为圣武天皇生前珍爱的物品被供奉在奈良东大寺正仓院中。

　　铜镜是遣唐使从中国带回的众多物品之一，且带回的还不止上述两面铜镜。根据和中国唐镜的造型、样式的对比，推测正仓院北仓中的唐镜大体可以分为三个阶段：一面鸟花背圆镜大约制作于700—725年之间，推测为养老二年（718）回

正仓院

日本的遣唐使（多治比县守为大使）带回；而制作于第二期
（725—750）的一批四面铜镜，推测为天平六年至十一年间
（734—739）回日本的第十期遣唐使（多治比广成为大使）带
回；而最后一期（750—775）制作的一批中，就包括上文提
到的两面唐镜，代表了当时唐代铜镜制作工艺的最高水平，其
中的盘龙背八角镜还是圣武天皇心爱之物，在他去世的天平胜
宝八年（756）被供奉在正仓院，足见当时日本皇室是多么追
求时尚。当然，亦不排除有第三期期间的天平胜宝六年（754）
归国的遣唐使（藤原清河为正使）将各时期唐镜统一带回的可
能性。

更为有趣的是，1972 年在日本发现的高松冢古坟中出土了
一面海兽葡萄镜，考古学者将它和中国西安近郊唐朝武则天时
代的独孤思贞墓中出土的一面海兽葡萄镜做对比，认为是同一
个镜范铸造出来的镜子，这种"跨国同范"的缘分，其纽带就
是遣唐使。

而日本当然并不会满足仅仅携来，仅以镜子为例，在正
仓院中仍有部分铜镜被认为是奈良时代日本自己铸造的，其
工艺汲取了唐朝的丰富经验。所以日本考古学家原田淑人博
士说："奈良镜鉴，多从唐来，亦颇自造。其时工巧，无多让
于唐。"

镜子是遣唐使沟通起中日交流的一个缩影，从隋文帝开

皇二十年（600）开始，到唐文宗开成三年（838）最后一期成行的遣唐使抵达中国为止，漫长的两个多世纪中，遣唐使和他们的随从人员在中国如饥似渴地学习各种知识，大到制度、建筑、文学、艺术，小到乐器、纺织品、生活用品，所带回的东西供一个时代的日本人加以吸收利用，成就了一个繁盛的唐风时代。

唐代的乐舞，也是遣唐使带回的一个产品。唐代中国的音乐，显示出兼容并包的气度，新的乐器，新的音乐形式被广泛地吸收、应用，自西域而来的琵琶就是其中之一。今天的正仓院仍然保存着一把螺钿紫檀五弦琵琶，可以和西安李寿墓中发现的五弦琵琶画像相印证，而根据《隋书·音乐志》记载，在隋唐的九部乐中，几乎都有五弦琵琶的出现。正仓院的五弦琵琶实物能为文献记载提供很好的注脚。这把五弦琵琶正反面以螺钿装饰，正面有"桿拨"（在琵琶正面，用于保护弦拨处，今天的琵琶并没有这一部件）一道，紫檀制作，覆以玳瑁，用螺钿镶嵌树木和人物，而人物表现的是一个骑着骆驼的胡人，手抱琵琶弹奏，充满了浓郁的西域风情。而琵琶的背面，布满了螺钿镶嵌的装饰，这把琵琶具有明显的唐代中国制作的特征，纹饰具有西域风格，用料多来自周边，与这个兼容并色的社会融为一炉，打造出了一把精美的艺术品。其高超的工艺水平和精美的用料，说明其很可能是遣唐使带回的一把"回赐"唐物。

关于这一把五弦琵琶，有不少的传说，一个传播甚广的误区是：现代的四弦琵琶是由五弦琵琶发展而来的，其实不然。唐时四、五弦两种琵琶一直并用，元稹诗说："赵璧五弦弹徵调"，而白居易有诗云："四弦一声如裂帛"，足见五弦和四弦两种琵琶在当时是并行的两种乐器，正仓院同时也收有一把四弦琵琶。到了宋代，教坊逐渐只用四弦琵琶，五弦因此失传。五弦琵琶相比四弦琵琶，多了一根表达低音的弦。宋代陈旸《乐书》记载说："（五弦琵琶）形制如琵琶而小，旧弹以木。"结合文献，正仓院的实物遗存为我们提供了众多有用的信息，首先，最初的琵琶弹拨方式并非是手拨，而是使用木制的拨片弹拨；其次，从琵琶的纹饰图像看，当时琵琶弹奏的姿势并非是现在的竖抱式，而是横抱式。另一方面，琵琶的"品"和"相"（琵琶用于调音的横柱，品指下方的细横柱，相指上方的粗横柱）也没有今天的琵琶那么多，五弦琵琶仅有五柱，倒是正仓院南仓有一把阮咸，有四弦四相十品，和今天的琵琶大致相同，傅芸子先生因此认为，近代的琵琶很有可能是吸收了失传的阮咸的形制进一步加工形成。

琵琶是中国舞乐输入日本的一个侧面。在推古天皇时代，来自朝鲜半岛的"伎乐"传入了日本。根据《日本书纪》记载：推古天皇二十年（612），百济人味摩子"归化"日本，当时他宣称自己"学于吴，得伎乐舞"。于是日本朝廷就派一批少年跟随他学习，伎乐就开始在日本普及开来。这个所谓的伎乐其实与佛教有关，当时的日本正由圣德太子主持进行改革，其中一项非常重要的内容就是崇佛，伎乐是在供佛仪式上的一种戴着面具表演的余兴节目，因此作为佛教信仰的一部分而为日本朝廷所重视，圣德太子以《法华经》之记载亲定"伎乐"之名，并下令设立乐户统一管理。

从朝鲜半岛"二手"引进的"伎乐"在遣唐使归来后很快被正宗传自大唐的"雅乐"盖过了风头，《兰陵王》、《秦王破阵乐》等唐风舞乐就在此时传入了日本，当时日本的隋唐乐已经多达 150 多种，而在日本，至今还保存着奈良时代抄录的《兰陵王》、《秦王破阵乐》等曲谱。

必须指出的是，中国传统意义上的"雅乐"和日本的"雅乐"概念有着本质上的不同。中国的"雅乐"与礼仪密切相关，指的是祭祀天地祖宗或庙堂朝正宴享的正式乐舞，与民间的俗乐和宫廷娱乐所用的"燕乐"相对。所以唐太宗才感慨他的《秦王破阵乐》入于雅乐是一件破格的事情。而日本所谓"雅乐"范围则广阔得多，其中既包括一些正乐，也包括一些被中国认定为燕乐甚至俗乐的舞乐。按照现在的定义，日本所谓的"雅乐"包括三大类别：一是平安时代完成的与神道或皇室有关系的古风乐舞；二是 5—9 世纪由亚洲大陆传来的唐乐、天竺乐、渤海乐、高丽乐等；三是平安时代所作的用大陆传来的乐器伴奏的日本古代诗歌或汉诗。所以，这个宽泛的定义决定了日本的"雅乐"不能和中国的雅乐完全混为一谈。也就是说，在平安时代，日本将传入的唐乐、高丽乐等吸收重新编译或模仿创作，同时还对已有的舞乐进行归纳改革。在此后，逐渐形成"左方舞乐"（左舞）和"右方舞乐"（右舞）。其中的"左舞"以唐乐为主，也有天竺乐、林邑乐，唐为大国，故在左方（日本以左为贵，左大臣的地位高于右大臣），乐人着服色以五位官人以上的赤色服装，"左舞"亦称为"尊乐"。而"右舞"以高丽乐、渤海乐为主，乐人服色尚绿（六位及以下官人所穿着），也称为"答舞"。也有学者认为，之所以分"左右"，是因为擅长演奏唐乐的京都乐人多居于平安京的左京区域，而三韩乐的乐人多居于右京区域，两方使用的乐器也大不相同。"左舞"主要使用"三管三鼓二弦"，也就是笙、笛、筚篥三种管弦乐器，太鼓、羯鼓、钲鼓三种鼓，筝、琵琶两种弹拨乐器，而"右舞"的乐器一般是"三管三鼓"，即高丽横笛、笙、筚篥、高丽鼓、钲鼓和太鼓。"左舞"的代表作有《兰陵王》、《青海波》、《迦陵频》等，"右舞"的代表作有《纳曾利》、《胡蝶》、《苏志摩利》等。

舞乐的面具也跟随着舞乐一起传进了日本。最早传入日本的"伎乐"面具在日本的正仓院被精心保存为国宝，这些面具多用桐木和干漆制作，形象生动，包括醉胡面、昆仑面、迦楼罗面等，分别用来表演不同的角色，许多面具具有浓厚的唐风，比如昆仑面显然来自唐朝非常流行的昆仑奴，昆仑奴根据今人考证乃来自东南亚区域的黑人，《旧唐书》卷一九七《南蛮西南蛮传》中说："自林邑以南，皆卷发黑身，通号为昆仑。"林邑乃今越南中部一带，自此以南则为唐人所说的"昆仑"，唐时林邑一带人往往将昆仑人售卖到两广进而至长安为奴，昆仑奴吃苦耐劳，因此深受唐人显贵的青睐。唐朝人就根据昆仑奴的形象做了假面具：两耳穿环，皮肤黝黑，头缠螺髻。而日本则模仿唐代的面具，制作出了用于寺院、神社和宫廷舞乐的面具用品。在第 69 回正仓院展中，还展出了名为"吴公"的伎乐面具，"吴"即指中国的江南地区。

除了舞乐以外，日本的都市规划也开始模仿唐代。和铜元年（708），元明天皇决定将都市从无法拓展的藤原京迁往平城京，并且做了平城京的统一规划。新都城模仿唐长安城的规划，都城选择地的北面为奈良山（平城山），而唐长安城北为龙首原，两者相合。平城京在一个南北长 4.8 公里，东西宽 4.3 公里的长方形平原区域展开，北端为平城宫，宫城南门和长安城一样拉出一条朱雀大路，大路的右侧为右京（西部），左侧为左京（东侧）。从北到南划出九条大路，分别为一条至九条；

而东西两侧各划出五条名为"坊"的大路，条和坊之间构成的方格就是"坊"，所谓"条坊制"即是由此而来。在坊中又以东西和南北向各三条小路切割为十六个小区划，为"町"或"坪"。在朱雀大路左右区域内又各设东市和西市，这样，和唐长安城大致相同的都城区划就完成了。

但日本又没有完全照搬长安城的做法。比如，长安城在都城区域外围还有一圈罗城城墙，把整个都市包裹其中。而平城京却没有城墙，只在朱雀大路南端设立一座罗城门，在两端象征性地砌筑了两堵墙。日本是一个封闭的岛国，在防御方面并没有这样的需求，因此，整个都城保持了一种开放性。

同时，在平城京内部，其建筑也采取日本传统的掘立柱式建筑，这种建筑形式在日本绳文时代（约 15000 年前—公元前 10 世纪）就开始出现，这种建筑方式就是在地面挖好坑以后插入柱子加以固定。在平城京中，上到内里正殿、贵族宅邸，下到平民房屋都采用这一方式建筑，只有寺院、平城宫大极殿、役所正厅等标志性建筑，才采用较新的础石式建筑方式。这不但加快了都城的建设速度，也相对节约了资源。

由此可见，日本的平城京在规划时也没有完全抄袭唐长安，而是根据当地的情况因地制宜，加以修改，具有一种务实的风格。

在涉及国家大局的政策移植上，日本也没有完全照搬照抄。在日本历史上，大化改新被认为是比肩近代明治维新的一次重要改革。大化二年（646）正旦，孝德天皇正式发布了改革的四条诏书：

1. 废除原本的田庄与部曲，全国土地全部归公；

2. 确立国、郡、县三级的地方制度，在地方任命国司、郡司，并建立起关塞、驿站等地方设施；

3. 制定户籍、计帐制度，实施"班田收授法"；

4. 规定租、庸、调。

大化改新内容涉及的层面极其广泛，大体旨在以隋唐的律令制改造日本的政治经济体制，而这个过程可能经过一个漫长的阶段，日本从大化改新开始，到天智天皇时期（668—672）制定《近江令》（对于其存在与否问题学术界有争议），再到7世纪后期的《飞鸟净御原令》，到最后大宝元年（701）制定《大宝律令》，最终实现了律令制的确立。

而律令制的基础就是公地公民的班田收授制，这一制度是通过引进隋唐均田制，建立起律令制度下的"公地公民制"。但这一过程却值得商榷。要知道，隋唐时期的均田制是建立在政府握有大量无主土地的基础上的，中国经过三国两晋南北朝的长期战乱，北方土地抛荒无数，这使统一的隋唐政府手握大量土地，可以将这些土地分配给无地农民，并且收取租庸调。换而言之，隋唐均田制是在政府掌握的土地上推行的，并不涉及其他有主土地。同时，隋唐均田又有一个很大的前提，就是隋初推行了大索貌阅，对全国的户籍、人口进行了一次大规模的统计，在此基础上，确立征税征兵的依据。而日本如果骤然推行土地全部收归国有，很难想象它能在短时间内将这样巨大的改革措施推行下去。所以日本的班田收授制推行一直困难重重。而在其后发生的白村江之战，极有可能加速了这一过程。日本意识到了一场危机，特别是唐新联军乘胜侵入日本的可能性（当然这不太会发生）更进一步引起了日本的恐慌，而与唐对抗，是中大兄皇子（天智天皇）的主张和政策，于是在这样的背景下，天智天皇在天智九年（670）编订了《庚午年籍》，在后来养老元年（717）制订的《养老律令》中，《户令》二二条写道："凡户籍，恒留五比其远年者，依次除（近江大津宫《庚午年籍》为不除）。"意思是说，每六年编修一次的户籍要保留"五比"，也就是 30 年的记录，其中《庚午年籍》是永久保留的档案。通过确定户籍，日本搞清楚了征兵役和征收租、庸、调、杂徭的依据，并且开始制作"计帐"。在此后的持统天皇四年（690），又编订了《庚寅年籍》，基本奠定了日本户籍制度"六年一造"并且以此作为"班田"基础。改革的最大成果，就是把以前从属于王族和豪族私人的部民转化成了由国家编户，在国一郡（《大宝律令》前称"评"）一里（五十户）三级制度下接受统治的"公民"。

　　然则，移植隋唐并且加以改变的班田收授制无法实施多久，随着生产力的不断发展，越来越多的新田被开垦出来，那么新开垦的新田又属于谁呢？是属于开垦者，还是应上缴国家重新分配？显然，从个人利益的角度出发，绝大多数的开垦者都会选择前者，于是，未被查出的隐田越来越多，由于耕种国家未知的隐田不用交纳税收，所以众多的公田被抛荒，种隐田的收入更多，隐田的所有者越来越富，就开始利用公田所有者破产的情况侵占其财产和人身自由权，甚至侵占公田。养老七年（723）发布了"三世一身法"，规定如果新建灌溉设施并开垦出的田地，允许开垦者三世（祖、父、子三代）持有，三代以后，返归国有；如果是利用现有灌溉设施开垦的田地，允许开垦者本人持有一代，死后归公。这一法案开了挑战"公地公民制"的先河，部分承认了土地私有。这个时候，距离《养老律令》的公布不过 6 年，距离《大宝律令》的发布也不过 22 年。到了圣武天皇天平十五年（743）时，朝廷再一次下达了一道《垦田永年私财法》，规定开垦土地永为私有财产，但开垦占地必须先向国司申请，不得妨害百姓利益。申请后三年未开则申请作废。这一法令更进一步开了土地私有的闸门。因为许多手握开垦审批权的国司本身就是大地主。在土地私有的大趋势下，班田也越来越困难，进入平安时代，桓武天皇（781—806 年在位）不得不把班田从 6 年一班改为 12 年，此后的班田更是难以维持，甚至有间隔 50 余年才进行一次的班田，班田收授制在短短不到半个世纪就名存实亡了。

　　律令制的其他方面也在与时俱进。比如兵役制度，日本律令制下的兵役制度是受中国隋唐时期的府兵制影响而来。它规定每三名正丁（21—60 岁的男子）抽选一人承担兵役，一应武器装备与从军粮食自备。但是，在实际的征兵中，三丁抽一实际上很难实现，而且随着私地的不断开发，自耕农民不断破产，越来越多的人负担不起兵役所要求的装备和粮食。兵役制不但使国家征不到兵，而且对于穷苦百姓来说也是一道紧箍

平城宫大极殿迹纪念碑

咒。于是，日本很快就采取了一种名为"健儿"的选拔军人的办法，就是国家从郡司的子弟或百姓中挑选熟练弓马的人，免除其部分田租徭役，将他们招收为"健儿"，以补充兵力之不足。同时，随着政治改革的推进，"令外官"也不断出现，令外官就是律令所规定的典章制度中没有规定的官职，在实践中，日本朝廷出于需求，不断设立新的职务，使得政治体系进一步脱离了律令的轨道。

所以，日本的律令制政治经济体系，是从模仿隋唐开始，但从一开始，日本就没有根据遣唐使带回的内容机械照搬，并且在实践中不断与时俱进，适应新情况制订新政策，所以，律令制国家在日本其实只存在很短暂的时间。

由上述的几个例子可以说明：在遣唐使、留学生如饥似渴地学习，带回大唐的林林总总以后，日本是通过选择性吸收，融合本土特色的方式加以学习，最终闯出了一条"有日本特色的唐风之路"。

…九年四月吉日

平成十九年十月吉日建

平成二十四年十一月吉日建

平成二十一年十一月吉日建之

平成十九年十一月吉日建之

平成十七年二月吉日建之

平成十八年二月吉日建之

第三章

有那么一群人，他们填补了 9—11 世纪中日交流的空白，他们有娴熟的航海技术，他们有广阔的交流人脉，他们精于算计，他们长于谋划。旅行定制、物流快递、海外代购，你们今天想象得到的活计他们全做过，而这群人就是当时的私商。

私商兴起

第一节　最后的遣唐使

　　唐玄宗天宝十四载（755），唐平卢节度使安禄山起兵反叛，揭开了长达八年之久的安史之乱的序幕，叛军迅速攻克了洛阳和长安，唐玄宗西幸蜀中。这场叛乱成为唐朝由盛转衰的转折点，在最终叛乱镇压以后，唐朝内有宦官专政，外有藩镇

杭州钱王祠老照片

割据，加上吐蕃、南诏、渤海、回纥等边境民族政权的滋扰侵犯，已经不复当初的盛世局面。前往中国留学一事对日本人的吸引力大大减少。

　　在奈良时代晚期，淳仁天皇天平宝字三年（759）曾经派遣为迎接前任遣唐大使藤原清河回国而赴唐的"迎入唐大使"，只有 11 人到达长安，唐朝方面派遣沈惟岳用船送回，是时，安史之乱已经爆发，唐朝兵器奇缺，在日本使节返回时，唐肃宗向日本方面提出了要求赠送牛角作为制弓用的材料。同时，唐肃宗拒绝了放藤原清河回国的要求，他的理由是"残贼未平，道路不靖"。因为藤原清河被留为人质，所以在天平宝字五年（761）十月，日本再度任命仲石伴为大使，石上宅嗣为副使（后改任藤原田麿），在安艺造船，收集牛角 7800 只，准备渡唐，并送回唐朝使节沈惟岳等人，不幸的是，这一次出发刚刚到难波，其中一艘船就触礁破损，不得不中止行程，继而在第二年又任命了中臣鹰主为大使，再次试图出发，却没有遇上航海时所需的风，这一次遣唐再一次宣告夭折。

　　光仁天皇宝龟六年（775），日本终于应滞留唐朝的藤原清河之请求又派出了第 15 批遣唐使，距离上一次派遣正式的遣唐使已经有 15 年之久，这一次的大使是佐伯今毛人，但在出发时，佐伯今毛人已经到了出发地筑紫，却借口无风，独自一人返回了京都，第二年又准备出发时，他称病拒绝前往，副使小野石根成为领导。这一次遣唐使的去路和归路全部取道横渡东海的南路，付出了惨重的代价，在宝龟九年（778）回国时，第一舶上载有副使小野石根、唐朝使节赵宝英以及受年迈的父亲藤原清河之托回国探亲的清河之女喜娘等人，途中不幸遭遇风浪遇难，副使小野石根、唐使赵宝英溺亡，而喜娘则漂至肥后天草郡，终于回到了日本。日本为送随船而来的唐使孙兴进回国，又在宝龟九年（778）十二月任命了一次送唐客大使，次年出发。

桓武天皇即位后，出于整顿律令，学习新的佛教流派的需要，又在延历二十年（801）任命了遣唐使，在这一次遣唐使中，有两名非常有名的学问僧，一名最澄，他在浙江的天台山求法，归国以后成为日本天台宗的始祖；另一名空海，他在入唐以后，入长安青龙寺拜惠果为师修习密宗，归国以后开创了日本真言密宗。

事实上，这一次遣唐使的行程也是一波三折，延历二十二年（803），遣唐使团刚从难波出发，就遭遇暴风，船舶损毁，在经过长达一年的修理后才得以重新出发。其中的第三舶于延历二十四年（805）七月从肥前国松浦郡出发，遇风漂流到孤岛，只有数人脱难上岸，船只漂流不知去向。

在此后又过了将近30年时间，到仁明天皇承和元年（834）

正月，日本任命了由藤原常嗣出任大使的遣唐使，这也是最后一批到达中国的遣唐使。而这一次遣唐使，如前所述，也是好事多磨。

从以上数次遣唐使的情况我们可以看到，在奈良时代晚期到平安时代前期，遣唐使的派遣次数和频率已经有了明显的下降，由原本的数年一派遣逐渐拉长为数十年一派遣，虽然遣唐使的规模仍很庞大，但是在中国停留的时间明显缩短，每次都是来去匆匆。

出现这一情况的第一个原因显然是因为中国政局的问题，自安史之乱以来，唐朝文化已经对日本失去了吸引力，而到了唐末，中央政府的控制力逐渐减退，地方上藩镇各自为政，流贼四起，昔日兼容并蓄、繁荣平和的盛唐文化已经不复存在，遣唐使因此成为日本朝廷的一种例行公事，仅仅是因为祖制的传统原因才得以继续留存。

第二个原因，遣唐使规模盛大，需要准备的东西很多，除了每次出行的船只以外，还必须准备随船的药品、食品，甚至为避免因漂流到孤岛海外而被当地土著袭击而准备的武器、衣甲。每一次出行都耗资巨万，对于平安时代收入逐渐减少的日本朝廷来说，派遣遣唐使确实是一笔巨大的开支。所以遣唐使逐年减少也就不足为奇了。

第三个原因是遣唐使职能被新崛起的阶层所取代。在仁明天皇承和六年（839）最后一期成行的遣唐使归国后，日唐之间的交通媒介就被新兴的民间私商取代，在他们之中最有名的有唐朝商人张支信（也有写作张友信）、李邻德、钦良晖、李延孝、詹景全等人，这些商人承担了两大任务，第一，他们把大批的唐物带到了日本，日本以往派遣遣唐使的一个很重要的原因是日本国内对唐物的需求量很大，特别是佛像、佛具、经卷以及药品、香料、瓷器等物，对于日本人的精神信仰和当时贵族的奢靡生活有着非常重要的意义。所以每次在遣唐使逐渐稀少甚至停止后，日本要输入这些唐物就完全依赖于来日的商人，每一次商船一到，驻在博多的大宰府就立刻驰告朝廷，同时将商人留馆款待。朝廷用砂金、刀具、绢等日本特产交换商人的货物。虽然日本朝廷有"官司未交易完不得私自交易"的法律，但日本京都的贵族和富翁却完全不顾法律的规定，争先恐后地派人前来购买唐物。第二，他们承担起了中日交通媒介的作用，当时想要"入唐求法"的日本学问僧如圆仁、圆载、惠萼等人都曾接受过商船的恩惠。许多入唐僧人都是直接到筑紫寻找一艘便船赴唐，而由于这些商人船年年不断，寻找便船其实是很容易的，较之遣唐使舶而言，这些熟悉航海的商船安全性也要高得多。而到唐朝灭亡以后，割据江浙一带的吴越国和日本继续保持着往来，此时，私商甚至承担起了外交使节的作用。

　　而更重要的一点是因为遣唐使已经成为一项危险系数非常高的工作，由于当时日本航海技术的落后，遣唐使一遇风浪就多有死伤，后期的几次遣唐使因为唐与新罗关系的破裂以及中国河北、山东一带藩镇割据的缘故，被迫放弃以往相对安全的北路（经由朝鲜半岛沿岸绕到山东半岛登陆进入长安），改走横渡东海的南路。茫茫大海，无依无靠，一遇恶劣天气，后果可想而知。许多遣唐使的出发又是在炎热的七八月，在海上喝着生水，吃着干粮，一过就是数十天甚至几个月，生病死亡的人不在少数。所以要参加遣唐使必须有足够的勇气和意志力，以至于一听赴唐，胆小的人瞠目结舌，视为畏途。比如作为藤原常嗣的副使的小野篁就在出发前打了退堂鼓，死活不肯上船。日本朝廷不得不以一些殊荣、厚赐来笼络遣唐使，鼓励他们出行。

　　最后，菅原道真结束了遣唐使的历史。宇多天皇宽平六年（894），日本再一次任命了一届遣唐使，这一次的大使是日本著名的政治家菅原道真。此时距离唐朝灭

菅原道真，月冈芳年绘

亡还有 13 年时间，就在前一年，有个名叫中瓘的僧人回国告知唐朝动乱的情况，当时唐朝已经镇压了黄巢起义，然而这一场几乎席卷全国的起义将唐王朝打得分崩离析，军阀混战的局面因此形成。作为遣唐大使的菅原道真正受到宇多天皇的宠信，仕途一片灿烂，自然不愿意再踏上这场前途未卜的遣唐之旅，他主动上奏宇多天皇，请罢遣唐使。宇多天皇接受了他的建议，历时两个多世纪，吸收唐朝文化并影响了整整一个民族的遣唐使时代终于画上了句点。

第二节　明州：准备好了

从遣唐使时代后期开始，一个中国南方的新兴港口 —— 明州（今宁波）渐渐进入中日交流史的视野中，一跃成为中日交流的首要港口。

明州港有着得天独厚的地理条件，它位于今天浙江东部沿海，海岸线曲折回环，具有建设良港的天然优势。同时，在东亚地区，季风的风向和自然洋流的流向对明州极其有利。浙东沿海每年夏季（农历七月前后）海流受西南季风影响而北移，在长江口外和长江水及钱塘江的冲淡水汇合，形成了一股强大的冲淡水流，向东北直至韩国济州岛方向与对马暖流相连接，其中一部分就汇入对马暖流进入日本海。而冬季，长江冲淡水和钱塘江冲淡水汇合，沿着浙闽海岸南下，穿过台湾海峡直接进入南海，同时，还要加上冬季东北季风的助攻。夏冬两季独特的季风和水文条件，使得明州外围的浙东沿海形成了季节性的回流，在夏季，浙东的居民可以利用季风和洋流前往日本九州，而到了冬季，他们可以乘船顺风顺水从日本返航。

唐朝开元二十六年（738），江南东道采访使齐澣奏准朝廷，将越州的东部区域分出，设立明州，成独立建制，任命秦舜吕为首任明州刺史，这是明州城市发展史上划时代的事件。明州自身的发展，为其成为重要的中日交流港口创造了条件，而明州在对外贸易地位的提升，也会反过来促进它的持续发展。

明州建制是顺理成章的结果。从唐初开始，明州地区的农业经济就有了大规模的发展。唐朝地方政府多次组织人力，对辖区内的水利工程进行营建和修缮，为城市的进一步发展奠定基础。根据宋代的明州地方志《乾道四明图经》记载，有唐一代最早进行的是小江湖水利工程，"小江湖在县南二十里，唐正观（注：原文如此。宋代避仁宗赵祯讳，改'贞'字为'正'字，故此处应为'贞观'）十年鄞县县令王君煦修建，溉湖八百余顷"。其后，玄宗天宝三载（744），陆南金主持了东钱湖的开广工程，"溉田八百顷"。唐太和元年（827），明州刺史于季友又在四明山下开凿河渠，"引山水流入诸港，置堰蓄之"，完成了仲夏堰工程"溉田数千顷"。而对明州影响最深远，规模最宏大的水利工程是唐大和七年（833），鄞县县令王元暐主持修建的它山堰工程。它山堰位于鄞县西南五十里，唐朝时期，濒海靠江的明州水土流失严重，一旦下雨，江水和海潮泛滥成灾，而干旱季节井水又干涸不敷使用。为了解决百姓生计问题，王元暐组织地方人力"采石于山，为堤为防，田流于川，以灌以溉"。这项工程被誉为"建乎不拔之基"，不但解决了明州百姓迫切需要的生活用水问题，而且为明州的农业和城市发展带来了巨大帮助。从此以后，明州城形成了两道入城的水源，一道自它山堰经过仲夏堰进入南门，一道自大雷经过广德湖进入西门，为居民提供了极大便利。

解决生活用水问题是唐代许多江南城市发展的前提，和明州山水相连的杭州，也有赖于两任刺史李泌和白居易的功勋才得以发展。李泌引西湖水入城修筑六井，而白居易筑堤蓄西湖水，彻底解决了居民生活和农业用水问题，杭州因此由"山中小县"一跃成为"江干大郡"。

在经济发展、人口增长的前提下，明州在长庆元年（821）三月丁酉朔，又迎来了历史上第二个重要发展转折点，浙东观察使薛戎上奏朝廷，要求把明州的州治移到鄞县。明州原来的州治在鄞江小溪一带，薛戎认为这一地带北靠鄞江，地形卑湿，不适合城市的建设，于是，明州的州治转而迁移到今天的三江口（甬江、姚江、奉化江汇合点）一带，在大历三年（768），鄞县已经把县址迁移到这里，而这次州治的迁移，也再一次将鄞县"附郭"于州，这里"大海在县东一百七十里，翁州入海二百里……其洲周环五百里，有良田湖"。

　　明州州治的迁址有极其重要的意义，唐时江浙地带的州治往往是一座并不大的城，具有行政功能，这和当初隋朝初年杨素平定南方有密切关系。杨素是隋朝初年著名的军事家，在平定南方的陈朝以后，他以军事家的眼光，在南方建立了一系列的州城。明州原属的越州，其州城就由杨素所修筑，大小仅为"子城十里"。这个弹丸小城承担着行政管理、军事要冲等诸多职能，相对的，邻近的县城则作为主要的居民聚居点。杭州城在杨素初建时，很可能也仅仅和越州城差不多大小，且在钱塘江畔靠山而筑，扼守要道。钱塘县城则在西湖畔靠近淡水资源处，即白居易所谓的"州傍青山县傍湖"也。明州从开元二十六年（738）开始建制，到长庆元年（821）移治，前后不到百年，其建制也不过 30 年，鄞县县城就迁移到更为适合发展的三江口地带。我们认为初设的明州州城很有可能并不是一个大城，应该是和初建的杭、越州一样是一个单纯承担行政职能的小城，因此也可以在其后更便利地向外迁移。这一迁移的考量必然也是其职能重心的转移——明州开始渐渐成为港口城市，需要把行政管理中心向靠海一带移动，同时，鄞县逐渐发展，明州州城移近县城，更便利行政管理。而 1997 年为配合宁波城市建设进行的考古发掘验证了明州州治并不大的这一看法，唐长庆元年（821）明州子城大约在南起鼓楼，北到府侧街，西到呼童街，东到蔡家巷这样一个狭小的区域内，与《宝庆四明志》中记载的"子城周围四百八十丈，环以水"基本相符。所以，唐代的明州城应该并不是"移治于鄮"，而是州县并存，县"附郭"于州，这种说法比较符合历史实际。

唐代的明州还有一件重要的事件就是浙东运河的疏浚和治理。浙东运河最早可以追溯到春秋晚期的山阴故水道，到晋代，浙东运河基本贯通，这必须归功于贺循。他主持了自会稽经山阴县到萧山县的运河工程，从而使该段运河和上虞以东的运河及姚江、甬江水道贯通。浙东运河连接今钱塘江和宁波姚江，成为明州港口向京杭大运河南端杭州通行的必经之路，也把明州和当时的行政中心洛阳遥遥联系起来。

为了保证浙东运河发挥应有的功能，有唐一代对浙东运河进行了多次疏浚和治理。《新唐书·地理志》记载：

> （会稽）东北四十里有防海塘，自上虞江抵山阴百余里，以畜水溉田，开元十年令李俊之增修，大历十年观察使皇甫温，大和六年令李左次又增修之；……（山阴）北三十里有越王山堰，贞元元年，观察使皇甫政凿山以畜泄水利，又东北二十里作硃储斗门：北五里有新河，西北十里有运道塘，皆元和十年观察使孟简开；西北四十六里有新迳斗门，

大和七年观察使陆亘置。

唐朝的地方官对浙东运河的大规模修治，为明州和内陆的联系提供了有力保障。明州输入的商品因此可以源源不断通过浙东运河运输到内陆，而内陆的商品也可以通过运河转运到明州出口。

明州的崛起是在短短的百年中发生的。在唐初，高祖武德四年（621），朝廷曾试图从越州中分离出鄞州，但很快放弃了这一打算。因为这一地区的经济发展和战略地位的支撑并没有达到独立建制的要求。而在此后，随着唐朝对外交流的开拓，明州区域的地位日渐重要。在唐中后期的遣唐使中，和明州有关的，大约有以下三次：其一为天宝十一载（752）的遣唐使，行南路漂流至明州登陆，副使石川道益死于明州。后来，日僧圆仁在计划前往天台国清寺朝拜求法时，曾经计划在明州祭奠日本延历朝时期（782—805）入唐在明州登陆并客死明州的遣唐副使石川道益，他在《入唐求法巡礼行记》中写道："又长判官寄付延历年中入唐副使位记、并祭文及绵十屯。得判官状称：'延历年中入唐副使石川朝臣道益，明州身已亡。今有敕，叙四品位，付此使送，增赐彼陇前。须便问台州路次，若到明州境，即读祭文，以或烧舍位记之文者。'"其二为贞元二十年（804）的遣唐使，共四艘船，第二艘漂流至明州登陆，第一艘漂流至福建后转到明州，回国时也从明州起航出发，最澄等日本僧人也随船到达中国。其三为开成三年（838）遣唐使，共四艘，其中第一和第四艘由大使藤原常嗣率领漂流至明州登陆。

另有学者认为，唐高宗显庆四年（659）的遣唐使也应是在当时的越州鄞县港，即后来的明州港登陆，因为唐显庆年间，越州所能利用的港口只有鄞县三江口一带，而当时明州属越州，遣唐使要往越州登陆并由当地州政府负责接待事宜，唯一能停靠的也只有鄞县港。

进入 7 世纪中叶以后，日本遣唐使成行的寥寥无几，只有 6 次遣唐使或送唐客使抵达了中国，在这其中，有 3 次和明州有关，占总数的 50%，凸显了明州在唐中后期中日官方交流中的重要性。明州经济的发展和战略地位的提升促成了建制和移址两大变化，将明州这个南方的港口城市推上了唐中后期及以后中日交流舞台的中心。

第三节　私商兴起

　　宁波，在中国近现代史上以"宁波商帮"闻名，1842年《南京条约》开埠以来，宁波成为中国最早的一批通商口岸。因此涌现了一批以买办商人和实业商人为代表的商人群体。他们其中，不乏叶澄衷、虞洽卿、严信厚、刘鸿生、包玉刚、邵逸夫等一大批如雷贯耳的名字。

　　宁波的商业基因，可不是近代才生机勃发的。在《康熙鄞县志》中记载了明州一带称作"鄮"的原因："鄮在贸山之东，以海人贸易于此，故山以名，以邑而谓之鄮。"南宋的《宝庆四明志》说，明州这个区域"田业既少"，又"俗不甚事蚕桑纺绩"，农业发展局限于当地的地理位置情况，濒海多山，盐碱地多，良田缺乏，同时，手工业也并不发达。居民生活必需的米谷、布帛都仰赖浙西、浙东其他州郡。在这样的情况下，当地居民选择商业贸易作为当地的产业突破口，可以说是顺应天时地利的选择。

从中日关系史看，明州成为中日贸易主要港口是在唐后期和五代时期，而中日关系的高潮出现在盛唐时期，为什么会出现这百年的时间差呢？关键就在于：明州港对日交流的发展与当地的民间贸易有关，也并不是官方交往引起的。在中唐以后，明州民间私商的兴起，成为明州港对日交流的主要承载对象。

根据日本学者木宫泰彦的统计，在各种史料中所记载的中日之间的往来船舶，和明州有关系的有以下七次：

日本仁明天皇承和九年（842）春，商人李邻德从明州出发前往日本，同船的有日本僧人惠萼，惠萼在之前巡礼了五台山，为了向本国申请五台山的供养费，搭乘私商船只回国。（见《入唐求法巡礼行记》）

承和十四年（847）四月，日本人神御井等从明州出发回国。（见《入唐求法巡礼行记》）

承和十四年（847）六月二十二日，明州商人张支信与元净等，搭载 37 人，从明州望海镇出发，两天后抵达肥前国值嘉岛那留浦，同船有惠运、仁好、惠萼等日僧。（见《安祥寺惠运传》、《续日本后记》）

文德天皇天安二年（858）六月八日，商人李延孝从明州出发，同月十九日抵达肥前国值嘉岛旻美乐。该船有日本僧人圆珍搭乘。（见《智证大使传》）

清和天皇贞观四年（862）九月三日，明州商人张支信从肥前国值嘉岛出发，同年九月七日抵达明州。这次航行为张支信为日本真如法亲王入唐求法，专门在肥前国松浦郡柏岛建造了船只。同船有真如法亲王、宗睿、贤真、惠萼、忠全等诸多日本僧人。（见《头陀亲王入唐略记》）

　　贞观五年（863）四月，为送上一年来唐的真如法亲王回国，明州商人张支信船自明州出发，载真如法亲王一行。（见《头陀亲王入唐略记》）

　　贞观七年（865），商人李延孝等63人从明州望海镇出发，到达肥前国值嘉岛屿，日僧宗睿回国推测是搭乘此船。（见《禅林寺僧正传》、《三代实录》）

　　也就是说，从文献中统计出的从839年到907年之间的中日往来船舶，明确和明州有关系的有7次之多，而文献中全部统计出的往来船舶有30余次，"明州相关"占据1/5，这还不包括出发港或到达港不明但亦有可能和明州有关的次数，也不包括文献中未记载的次数。数据说明了明州从唐后期开始，已经成为中日交流的首要港口。

　　那么，何以明州如此受到青睐呢？

　　首先当然是前述的明州具有的天时、地利之便，当然，这并不足以说明全部。明州的兴起还和这个时代的大背景有关。

　　唐朝初年，朝廷的经营重心放在西北，唐前期倾力征服西域的突厥、吐谷浑、薛延陀等民族势力，向西北开拓疆土。其一方面，目的是保证长安、洛阳为核心的关中区域的安全，另一方面是打通丝绸之路，确保唐帝国向中亚交流渠道不受干扰。无数商人跨越沙漠，沿着绿洲从遥远的中亚来到长安，承担了这一时期东西方交流的桥梁作用。但这一政策并没有维持多久，从武周以来，唐朝的西北政策逐渐废弛，西域丝路逐渐被新兴起的民族政权吐蕃、回纥占据。被切断西北交通的唐朝政府，眼光不得不转向南方。在江南经济发展以后，唐朝的财货贡赋越来越依赖江南。陈寅恪先生就指出："唐代自安史乱后，长安政权之得以继续维持，除文化势力外，仅恃东南八道财赋之供给。"为了保证自己的"钱袋子"，唐朝政府给了南方对外贸易很大的政策优惠，大和八年（834）规定："除舶脚、收市、进奉外，任其来往通流，自为交易，不得重加率税。"政府的扶植和重视，给东南各沿海港口发展民间贸易带来了机遇。

而唐后期的中日交流从 9 世纪中期开始出现了一个有趣的变数，那就是新罗张保皋势力的兴起和衰亡。张保皋（？—846）是东北亚交流圈中一位昙花一现的传奇人物，关于这个人物的生平，中国史籍多有零星记载，可见于《文苑英华》、《新唐书》、《文献通考》等，但最详细的记载还是唐朝著名诗人杜牧所作的《张保皋郑年传》，其中写道："新罗人张保皋、郑年者，自其国来徐州，为军中小将。保皋年三十，郑年少十岁，兄呼保皋，俱善斗战，骑而挥枪，其本国与徐州无有能敌者。"张保皋和郑年在年轻时，曾经来到中国徐州一带从军，目睹唐朝由盛而衰的乱世景象。当时新罗沿海海盗猖獗，大约在828年，张保皋主动请求新罗王说："遍中国以新罗人为奴婢。愿得镇清海，使贼不得掠人西去。"于是，"王与保皋万人守之，自大和后，海上无鬻新罗人者"。清海镇位于今韩国莞山，当时新罗首都庆州的门户是蔚山港，而清海镇是蔚山的门户，正好卡在唐日之间贸易通道的必经之路上。当时的中日之间航船要从长江口横渡航海经过黑山岛前往新罗海岸，必然在清海镇的监视之下。因此，张保皋得以垄断中日朝三方的贸易和交流。

张保皋在担任清海镇大使期间，手握雄兵，横行海上，他多次派遣"回易使"前往日本，以新罗和唐朝的货物与日本贸易，获取丰厚的利润。在获得食封以后，张保皋所占据的清海镇更成为一个独立王国，他本人集地主门阀和商人于一身，从而为进一步打入到新罗王朝的政治中枢奠定基础。但张保皋很快卷入了新罗内部激烈的政治斗争，于846年被刺杀，清海镇也在851年被撤销，一度繁盛的新罗海上力量仅仅十数年就销声匿迹。

张保皋势力的崛起和迅速消亡为以明州为代表的中国南

方私商提供了良好的机遇，张保皋扼制住了传统的新罗道，他的消亡让民间私商迅速填补他留下的贸易真空。而这批商人就是张保皋垄断新罗道期间通过"自力更生"发展起来的南方私商。

另外，日本官方对新罗人有着长期以来的根深蒂固的不信任感，这不仅仅是由于唐朝和新罗之间曾经发生战争，也由于在此前后新罗人频繁出现在日本的政治生活中，而且多是以负面的形象出现。比如《日本书纪》记载说："新罗沙门行心与皇子大津谋反，朕不忍加法。徙飞騨国伽蓝。"大津皇子是天武天皇之子，686 年，当天武天皇驾崩的时候，大津皇子被人告发谋反，自戕于自己的宅第，这一事件是日本皇位争夺中的一段插曲，而新罗人的身影出现在这种你死我活的政治斗争中，显然给日本官方留下了不好的印象。其后的弘仁五年（814）二月十四日，远江、骏河的新罗人叛乱，日本朝廷派员平定。同时，在东北亚海域崛起的新罗海盗也频频骚扰日本的贸易通道和港口。在整个 9 世纪中，只有张保皋控制海域的时间里，日本得以享受宁静，在此前和其后，新罗海盗一直是日本不堪其扰的大患。

日本弘仁二年（811）十二月，有新罗海贼船 3 只从对马海峡进犯日本，第二年正月，日本朝廷下令大宰府管区内及临近九州北部的长门、石见诸国发兵镇守要害，防备新罗船只。

但这一防备并不能完全阻止新罗海贼的进犯，随后的弘仁四年
（813）三月十八日，大宰府上奏：新罗人侵犯肥前小近岛，杀
伤土民多人。在张保皋势力消亡后，新罗海贼卷土重来，在仁
寿七年（857）十一月、仁寿十一年（861）五月先后前来滋
扰，后一次甚至杀进了日本的外贸首要港口博多，掠走了丰前
的贡绢，到了宽平年间，新罗海贼甚至每年都来进犯，宽平四
年（892）至宽平六年（894），日本年年收到新罗贼船进犯的
警报，不胜其烦。在海贼猖獗，甚至直接威胁日本对外交流窗
口 —— 博多的情况下，很难想象会有中国或者新罗渤海的商人
能长期稳定地沿着北路航线在中日之间往来贸易。而日本对中
国舶来的"唐物"的兴趣依然浓厚，于是，南路的商人就承担
了中日交流媒介的作用。

　　明州的私商，不但从事帮助日本人和中国人"海外代购"
的工作，而且还承担着中日之间"摆渡人"的职责。明州商
人有着非常令人满意的服务，首先，他们的船只安全而又迅
捷。唐代的民间海船相对日本遣唐使的用船，技术更为先进，
采用水密隔舱设计，即便进水也不至于导致沉没，而在材料
上多用铁钉、石灰、桐油等材料，船只更坚固。同时，商人
对于季风和洋流的特性烂熟于心，他们很擅长利用自然的优
势。前述的张支信，他在承和十四年（847）六月二十二日启
航仅用了两天就抵达了日本肥前。而在贞观四年（862）九月

三日，他载着真如法亲王等人仅仅用了 4 天就从日本安全抵达明州，这个速度足以让当年在海上颠簸多日的遣唐使羡慕。其次，明州商人还承接定制业务。许多来唐的日本商人和僧侣购买民间私商的便船服务，但如果有特殊需求，明州商人还能为其专门打造船只。日本的真如法亲王前往中国时，明州商人张支信就专门耗费 8 个月时间为他专门打造了船只，使之得以成行。

　　随着唐朝来的中国商人逐渐成为中日交流的主力军，日本朝廷开始在外贸机构上采取相应的对策。博多的大宰府在承和七年（840）要求由日本的"主船"（执掌船舶修造）来兼任"大唐通事"的职务，所谓"通事"，就是翻译和外贸中介，当时来日本的中国商人逐渐增多，大宰府因此就提出了这一要求。但仅仅二十年以后，这一"有职无掌"的兼职"大唐通事"就无法适应新的形势变化了，日本大宰府开始任命中国商人担任大唐通事，前面提到的明州商人张支信，就曾经

真如法亲王

担任过这一职务，而在他回国处理自己的商务后，日本政府又紧急派遣了一名曾经留学唐朝的僧人法惠来接替。任命外国的商人来担任这一重要职务，一方面说明日本对中国来日商人的信任，另一方面也说明日本确实迫切需要这方面的人才，以满足唐朝商人日益增多的需求。

所以，遣唐使的结束并不意味着中日交流的冷却，私商的兴起让中日交流翻开了一个全新的篇章，中国和日本这两个古代东亚世界的政治体，继续以远超我们想象的广度和深度，热切地来往着。

第四节　吴越国的"外事"

五代十国是唐朝后期藩镇割据局面的继续发展，随着唐末农民起义的爆发，唐朝中央政府摇摇欲坠的控制力终于被打散，而各地的割据势力在镇压农民起义的过程中也完成了势力重组，形成了新的割据势力，最终形成了五代十国的分裂割据局面。

在十国中，南方的吴越国在这一时期的对外关系层面显得尤为活跃，这和吴越国自身所具有的得天独厚的优越条件有关。

吴越钱氏政权是在唐末黄巢起义席卷大半个中国的大背景下诞生的，吴越国的建立者钱镠本是浙江土豪，"少拳勇，喜任侠，以解仇报怨为事"，到唐末的乾符年间（874—879），钱镠追随杭州军阀董昌，"黄巢寇岭表，江、淮之盗贼群聚，大者攻州郡，小者剽闾里，董昌聚众，恣横于杭、越之间，杭州八县，每县召募千人为一都，时谓之'杭州八都'，以遏黄巢之冲要"。吴越国的基本军事力量就是在这一基础上诞生的。在平定越州刘汉宏、润州薛朗两路军阀后，钱镠取董昌而代之，"而两浙士庶拜章，请以镠兼杭、越二镇，朝廷不能制，因而授之。改威胜军为镇东，镠乃兼镇东、镇海两藩节制"。至此，吴越国基本建立。

吴越国主一般兼任镇海、镇东两镇节度使，镇海节度下辖润、常、苏、湖、睦、杭六州，镇东节度下辖越、明、台、温、婺、衢、处七州，即通称的吴越十三州。吴越国在政治上采取"善事中原"的政策，先后奉事唐、后梁、后唐、后晋、后汉、后周、宋七朝，接受中原"正统"王朝的册封并且向中原王朝朝贡。梁太祖朱温册封钱镠为吴越王兼淮南节度使，"客有劝镠拒梁命者，镠笑曰：'吾岂失为孙仲谋邪！'遂受之"。因此，《旧五代史》评价吴越钱氏政权说："惟钱氏之守杭、越，逾八十年，盖事大勤王之节，与荆楚、湖湘不侔矣。"吴越钱氏政权采取"善事中原"的特殊政策，具有非常大的务实性，使得它能在五代十国的乱世中相对维持较长时间的稳定统治，这对浙江区域的经济在这一时期得到不中断的发展具有非常重要的意义。

"善事中原"，首先意味着吴越国政权必须向中原政权纳贡，吴越政权仅仅占据两浙区域和一部分的苏南地区，在后期疆域一度拓展到闽，但仍然地域不大。其区域内经济也处在初步发展的状态。因此，年复一年的朝贡对吴越政权来说，是一个沉重的负担。史载"当五代时，常贡奉中国不绝。及世宗平淮南，宋兴，荆、楚诸国相次归命，俶势益孤，始倾其国以事贡献。太祖皇帝时。俶尝来朝，厚礼遣还国，俶喜，益以器服珍奇为献，不可胜数"。"善事中原"的政策来源于吴越国的地缘政治，它长期和北面占据江淮地区的吴—南唐割据政权处于敌对状态，而对于中原王朝来说：篡伪称帝的吴—南唐也是首先的一个进攻对象——谁让这一政权紧邻中原地区呢？于是，吴越的"善事中原"算是一种当时视野下的"远交近攻"，通过称臣于中原，实现对江淮地区的战略合围。

这就意味着，当中原王朝发生战事——不论是主动进攻江淮，还是需要在别的方面发动战争扫清后顾之忧，都需要吴越政权出兵江淮予以配合。而整体来说，吴—南唐政权的实力要在吴越之上，特别是南唐，在全盛时期"比年丰稔，兵食有余"，其疆域跨出江淮，趁湖南的楚国和福建的闽国内乱之机，出兵攻灭两国，一度对吴越形成了战略反包围，沉重的军事压力迫使吴越不得不长期保留一支相当规模的军队。

另外，吴越政权上层也需要维持奢靡的生活，《新五代史·吴越世家》载："其人比诸国号为怯弱，而俗喜淫侈，偷生工巧，自镠世常重敛其民以事奢僭，下至鸡鱼卵鷇，必家至而日取。"加上吴越统治时代崇佛，在佛教寺院、塔刹、石窟等建筑中投入了大量的资金，吴越时期的杭州，号为"东南佛

国"，今天杭州遗留下来的大量佛教遗存——净慈寺、灵隐
寺、雷峰塔、保俶塔、飞来峰造像……或者是在吴越国时期
修建或增建，或者是在吴越国时期修复。再加上钱塘江海塘工
程，杭州城墙工程等一系列大型工程的上马，吴越国的财政被
套上了沉重的枷锁。

　　进贡、战争、统治者的个人需求，成为压在吴越民众身上
的"三重大山"，这一切仅仅依靠两浙的赋税重敛明显是不足
的，因此吴越政权非常鼓励海外贸易，并以此来获得巨额的经
济收入，"然航海所入，岁贡百万，王人一至，所遗至广，故
朝廷宠之，为群藩之冠"。

　　恰巧在吴越国手中，掌握着唐中后期南方其中一个最重要
的对外港口——明州，这一时期，唐代担负起对外交流重任的
各港口纷纷由盛转衰。北方山东半岛的登州，在唐初曾经是中

杭州净慈寺，吴越钱氏政权时期始建

国和朝鲜半岛、日本交流的重要港口，但从 8 世纪开始就走向衰落。在唐开元二十年（732），发生了渤海国入侵登州的事件，随后，平卢淄青节度使和朝廷激烈对抗时，山东半岛陷入了战乱，五代时期，中原王朝虽然控有登州出海口，但政权更迭频繁，自顾不暇，登州逐渐从对外交流的历史舞台上退去。

而在唐代举世瞩目的扬州，这一时期遭到了重大打击。扬州作为长江中下游最繁华的商业城市、大运河向北的必经之城，在唐代的对外交流史上显赫一时，这里商贾云集，店肆林立，诗人留有"二十四桥明月夜"的佳句。但是在唐末时期，先是高骈、杨行密等军阀在这一地区活动，导致昔日繁华的唐代港口陷入军阀混战之中，史载："扬州诸步多贼船，过者不敢循岸，必高帆远引海中，谓之'入阳'，以故多损败。"扬州这一时期的"无政府状态"，导致盗贼横行，不复繁华，扬州也很难再承担起它的对外交流港口职责。

而在南方的泉州和广州其交流的对象并不和明州有太大的重合度。地处福建的泉州处于闽政权的统治之下，闽国政权并不稳定，在王审知以后就陷入了内乱，到后晋开运二年（945）为南唐攻灭，南唐随即又被迫退出了福建地区，原本的闽国政权区域大部分为吴越所并，在南闽地界的泉州隶属清源节度使，设立该节度使的为南唐政权，但其节度使拥兵自立，南唐在这一地区的统治仅有名分而已。在这种政权更迭频繁的情况下，泉州也很难担负起对外贸易和交流的职能。

广州则是另一番景象，唐僖宗乾符六年，"黄巢陷广州，大掠岭南郡邑"。繁荣的广州港被黄巢起义军攻克，因而受到了极大破坏，在后梁时代，广州尚且还能进贡奇宝名药，"进献助军钱二十万，又进龙脑、腰带、珍珠枕、玳瑁、香药等"，"进龙形通犀腰带、金托里含棱玳瑁器百余副，香药珍巧甚多"，"贡犀玉，献舶上蔷薇水"。可见，广州在五代之初还维持着一定的对外交流和贸易，但南汉建立后，由于僭号的关系，南汉与中原王朝基本上断绝了联系。南汉时期的广州有所恢复，但广州在中日交流中，并不占有地理上的优势，广州在这一时期延续唐末以来的传统，与阿拉伯、波斯等进行着贸易往来。

因此，在对日交流的港口中，东南沿海出现了明州一枝独秀的局面，特别是吴越国统治相对稳定，最后又采取"纳土归宋"的和平统一方式，使两浙区域经济能不受五代十国战乱的威胁。宋人评价说："吴越之地，自钱氏时独不披兵，又以四十年都邑之盛，四方流徙，尽集于千里之内，而衣冠贵人，不知其几族，故以十五州之众，当今天下之半。"这句话常被用来引证杭州何以在其后的宋朝成为"东南第一州"，但是用于明州这样的港口城市的发展也未尝不可。

　　吴越国的对外关系，其核心是和朝鲜半岛及日本之间的交往。朝鲜半岛的新罗国，在唐朝灭亡前的公元 901 年就进入了三国分裂时期，形成了新罗、后高丽、后百济三国并立的局面，到 936 年，后高丽国再度统一朝鲜半岛。后三国的后百济政权，在统治者甄萱自立为王后，就立刻在光化三年（900）派遣使节来到吴越，成为后三国中第一个遣使来到中国的。有趣的是，后百济的遣使并没有直接前往当时还存续的唐朝中央，而是选择了吴越国，或许他们只是遵循以往的惯例在吴越国治下的江南地带登陆，吴越国做出的对策是："仍加检校太保，余如故"，钱镠代表唐朝中央政权授予了甄萱官职，在这里，钱镠占据了上级地位，用授予官职的方式，实际上把后百济划成了吴越的册封国（表面上是唐的册封国）。

　　吴越国这一僭越的行为其实后百济可能也心知肚明，因此在后梁贞明四年（918）遣使吴越并献马，这一举动很可能具有劝进的意图，而且，后百济势力从来没有遣使前往顶替唐朝的后梁政权，也没有遣使前往十国中的其他任一国，足见其是以吴越为宗主国的，两者具有非同寻常的特殊关系。

　　相对吴越和朝鲜半岛政权的这种主从关系，吴越和日本的关系却呈现出另一种现象。

　　同时期的日本异常冷淡，并不会如后百济这一频繁遣使来到中国，而是在岛上坐等吴越使节前往。自最后一次遣唐使夭折以后，日本就再也没有派遣官方使节。另一方面，频繁去日本的唐朝商人满足了日本对唐物的极大需求，使得日本再也不必要冒风险前往中国。因此，这一时期中日之间的往来船舶，几乎都是中国方面的商船，多是从吴越国的明州等港口出发，到日本博多上岸交易。而日本方面，在其后开始禁止出航，日本永承二年（1047），日本就严厉处罚了一个私自入宋的人，没收货物并流放佐渡岛。在其后，前任大宰权帅藤原伊房也因派员到契丹私自交易货物而被处罚。所以，这一时期，中日之间的交流以中国方面主动居多。

而吴越和日本的交流方式又全然不同于和朝鲜半岛，并没有出现《旧五代史》中描述的"伪行制册，加封爵于新罗、渤海，海中夷落亦皆遣使行封册焉"。究其原因，日本在与中国的交往中带有很大的自主性，追求和中原王朝平等的地位。而唐朝对日本的看法仍然保留着"诸蕃"、"诸夷"的朝贡概念，日本就在外交上费了一番心思。比如在唐朝给日本的国书中，我们往往可以看到抬头是写作："敕日本国王主明乐美御德"（可参见张九龄起草的为玄宗皇帝《敕日本国王书》），这里的"主明乐美御德"其实是"天皇"的日文训读，而中国方面这样书写，显然是日本方面将这个词语作为姓名上报，一方面避免了"日出处天子"这样的尴尬，另一方面仍保持了一种平等的称呼方式，足见日本为了维持平等外交费了多大的苦心。

所以在与吴越这样的地方政权打交道的过程中，日本也延续了对等原则。当吴越来使到达日本，递交书信时，出面接待的是左右大臣。因为吴越国相对中原正统王朝是"臣属"，日本方面也派出相应地位的大臣来接待。同时，在递交回信时，也以左右大臣的名义撰写。因此，吴越和日本之间没有朝贡册封关系，而是以"大臣私谊"保持着联系和往来。

比如村上天皇天历元年（947）闰七月，日本方面回赠吴越国砂金二百两，并且书写了一封回信。回信的落款是这样写的："日本国左大臣藤原朝臣"，藤原朝臣指的是当时左大臣藤原实赖，而这封信是大江朝纲为藤原朝臣起草的，信中的内容也并没用外交辞令，而是用了一种私人交往的嘘寒问暖的口吻："秋气凉，伏帷大王动用兼胜，即此其祖遣。又所惠土宜，有惮容纳，既恐交于境外，何留物于掌中。然而远志难拒，忍而依领。别赠答信，到宜收纳。"

这对吴越国来说也体现出了一种务实的态度，只要能发展交流往来，从对外贸易中赚取利润，吴越国可以相应调整方式方法。钱氏政权当然也不会和钱过不去。

第五节　明州的军镇化和私商"升格"

作为吴越国主要对外港口的明州，在其统治之下，出现了新的发展，我们把这种发展称为"军镇化"。

军镇化是唐末藩镇割据发展的一个新趋势。唐代藩镇，许多人会立刻想到节度使。睿宗景云年间始设的节度使，开始并不是一个强有力的职位，而是唐朝为了应对边疆紧张的形势，特别是高宗后期到玄宗开元初期，唐朝在东北、西北、正北、西部都面临着空前的军事压力，而南面在其后兴起了南诏，给唐王朝的边疆防御带来了新的问题。同时，这一时期，随着均田制的破坏，唐朝在兵源方面越来越依赖于专业的"长征健儿"，在边境地区形成了长期驻屯的军镇，到天宝元年（742），在边境形成了八大节度使。而在安史之乱后，掌握军权的节度使往往兼任负责行政监察职能的观察使，并获得了独立财权。加上中央为对抗桀骜不驯的河朔藩镇，不得不在中原地区广置藩镇加以平衡，于是"既有其土地，又有其人民，又有其甲兵，又有其财赋"的藩镇割据正式形成。唐末，随着黄巢起义席卷东南，东南各区域的藩镇为防御和镇压起义军，也得到了进一步强化。明州的军镇化就在这一背景下产生。

明州的军镇化首先源于望海镇的兴起。望海镇在今天的宁波市镇海区，当时地处鄞县东部的甬江出海口一带，扼守着明州出入大海的门户，海外往来的船舶，大多停泊于此，或者经过这里进入内陆。因此在建中二年（781），唐朝政府鉴于海防和贸易管理的需求，特别在此设立了望海镇。

望海镇设立后，有过一次重大的变革。依据《唐会要》的记载：

> 元和十四年八月，观察使薛戎奏：准诸道所管支部别置镇遏守捉兵马者，并属刺史，其边徼接连蛮夷之处，特建城镇者不在此限。今当道望海镇去明州七十余里，俯临大海，与暹罗日本诸番接界，请据敕文不隶明州。许之，是则镇城虽在鄞境而镇兵却非州辖也。

首先，这段文字说明了望海镇的设立原因是"与暹罗日本诸番接界"，也就是说，它是一个因为对外贸易而发展起来的城镇。其次，由于这一特殊性，它满足了唐朝政府的政策需求，特许可以不隶属其原本的上级行政单位明州，不归明州刺史管辖，而是直属浙东观察使。可以说，在唐后期诸多从明州出发或登陆的船舶，实际上并不在明州管辖范围内登陆或出发，而是在不隶属明州的明州望海镇登陆或出发。这句话虽然拗口，却是较为精确的表述。

吴越国建立后，浙江一带开始普遍军镇化。吴越国的地方行政机构除了州县两级制度，还有军镇体系，而军镇的首脑往往是由钱氏宗族或者亲信将领官员担任。对于明州而言，这一趋势的结果就是望海军节度使的设立。

后梁开平三年（909），吴越国升明州为望海军节度使，而之前设立的望海镇改为镇海镇，不久就将望海镇改置为望海县，后来又改为定海县，而鄞县也改为鄮县。到后汉乾祐二年（949），当时的吴越国主钱弘俶任命自己的弟弟钱亿主政明州。北宋建隆元年（960），改望海军为奉国军，并且任命钱亿为奉国军节度使。

这是明州历史地位升格的又一刻，唐后期游离于明州建制的望海镇正式回归明州编制，并且升格为望海（定海）县。亲信宗族担任了明州的地方节度使，使得吴越国中央政权对明州的控制进一步加强，这一变迁也得到了中原正统王朝的认可。这让明州成为吴越国地方体系中重要的行政单位。

吴越国之所以如此"折腾"明州，一方面是五代时期起地方行政机构变迁的一个必然结果，另一方面也和这一时期明州商人职能的转变有关系。

吴越国时期明州商人的代表是蒋承勋，他在整个吴越国统治时期，曾多次往返于中日之间，往往从明州出发，到日本博多港登陆与大宰府打交道。根据木宫泰彦的统计，在史籍记载中蒋承勋往返中日之间的记录有以下几次：

朱雀天皇承平五年（935）九月，蒋承勋来到日本献羊数头，同年十二月，交易唐物使藏人藤原亲盛到大宰府，很有可能是前来验收蒋承勋带来的货物。

承平六年（936）七月十三日，大宰府报告说吴越商人蒋承勋、季盈张抵达，蒋承勋很有可能带来吴越国王钱元瓘的书信，因为在随后的八月二日，左大臣藤原忠平给吴越王写了回信。

朱雀天皇天庆元年（938）七月二十一日，大宰府呈献中国商人带来的两头羊，而在八月二十三日，大宰府赐布给蒋承勋，由此可知此前献羊的来日商人是蒋承勋。而在随后的天庆三年（940）七月，左大臣藤原忠平致书吴越国王钱元瓘，推测蒋承勋可能在这一年归国。

村上天皇天历七年（953），蒋承勋以吴越国王钱弘俶的使者身份来到日本，献书信和锦绮等。七月，蒋承勋回国时，右大臣藤原师辅委托他带回给吴越国王的复信。

另外，活跃于这一时期中日商路的还有吴越人蒋衮，他在朱雀天皇天庆八年（945）与村上天皇天历元年（947）曾来到日本，而天历元年，他随船带来了吴越国王钱弘佐的来信和土仪，又在当年回国的时候，带回了左大臣藤原实赖致钱弘佐的回信和礼物（砂金）。

吴越国的商人和唐代中后期以来的明州私商一样，承担着对外交易的职责，他们会带去江南的越窑青瓷器、药物、茶具、文具等日本上层喜爱的商品，以及孔雀、鹦鹉、羊、鹅等珍奇之物，这些都是不产于日本的动物，因此会被上层人士当作猎奇之物圈养，商人也会携带这些东西作为上贡品来打好关系。从日本则带回中国上层喜爱的日本漆器、刀剑、扇子等特产品。同时，这些商人也承担着摆渡人的职责。蒋承勋就曾经带过日本僧侣回国，这一时期的日本僧侣来华数量很少，而且一般都是应吴越国的邀请而来。特别是唐朝后期经过武宗灭佛以后，佛教典籍损毁不全，崇佛的吴越统治者亟需从日本输入佛教，形成了部分佛教文化的回流现象。天台宗回流就是其中之一。根据日本大宰府的史料记载："前入唐僧日延，去天历七年，为天台山宝幢院平等院慈念大和尚依大唐天台德韶和尚书信，缮写法门度送之使。属越人莳承勋归船，涉万里之鸿波。"这里的"莳承勋"应是蒋承勋之误。担负着回送天台宗典籍重任的日本僧人日延，就是乘坐着天历七年回国的蒋承勋商船来到中国。

不过，这一时期的明州私商还承担着一个更重要的职责——外交特使。蒋承勋曾经做过吴越国王钱元瓘、钱弘俶的信使，将国王致日本大臣的信件随船带到日本，交送日本官方，又带回了日本左右大臣的回信。蒋衮也曾做过吴越国王钱弘佐的信使。

这种新职能的出现，是在特殊的历史背景下一种权宜之法。毕竟，吴越国和日本的交流是在一种"大臣私谊"的框架中进行的，在这一框架中，派遣正式的官方使节反而不妥，通过这种以商人为中介的方式，反而让双方都能便利地进行沟通，而这一方式一直延续到宋代。宋时，日本仍然保留着相对冷淡的态度，并未向宋朝派遣任何的官方使节，对于宋朝来说，如果主动派遣官方使节也有失大国体面。事实上，宋日之间很可能有过几次互相的试探。北宋大中祥符五年（1008），《皇朝类苑》记载这一年有日本国使节前来，迎合宋真宗追求祥瑞的心理，称"国东有祥光出现，中原如有圣明天子，便有此祥"。这一批日本使节，有人认为可能是大宰府私自派遣的，但考虑当时举国供奉"祥瑞"的疯狂，这批所谓日本国使节很让人怀疑其真实性。而宋日之间其后的两次有官方背景的交流分别发生在 1013 年和 1026 年。三条天皇长和二年（1013），日本朝廷命人起草给宋朝的复牒，所谓宋朝送来的牒文，很可能是来自于宋朝的地方官员，最大可能是明州刺史。而在北宋天圣四年（1026），明州刺史收到了大宰府赠送的土物，以未携带国书为由拒绝接受。经过这一次的相互试探，可能宋日双方都意识到了官方沟通渠道的不畅。而且，从日本素来的外交习惯看，一旦宋日双方真的进行官方接触，反而会带来尴尬。白河天皇延久五年（1073），入宋僧人成寻托弟子僧赖缘等人搭乘宋朝商人孙忠的船只把宋神宗送给日本朝廷的礼物——金泥《法华经》和锦二十四，随同宋神宗皇帝给日本朝廷的书信带回日本，这一封书信并非是正式的国书，但是日本朝廷因为书信里的一句以上对下口吻的"回赐日本

雷峰塔

国"纠结了3年，在承历元年（1077）终于下令起草回信，并且决定了回礼，在次年交给僧人搭乘宋朝商人孙忠的船只带回。

所以，为了避免这样的尴尬，日本在不派遣使节的前提下，宋朝也很少主动以官方的身份出面推动中日交流。双方默契地继续维持吴越式交流法，由地方官明州刺史出具牒文，交由来往中日之间的商人作为中介，这类牒文也并非是正式官方文献，不过是类似"介绍信"的"私谊信件"，而日本方面也往往请负责对外贸易的大宰府负责官员起草回信，并不由朝廷出面，双方维持了体面，也保证了"对等"。而沟通双方的商人，承担了桥梁的作用，通商以外，还肩负起了外交使节的职责。中日关系中这种特殊的"政冷经热"的现象，早在千年前就有了端倪。

第六节　平清盛

2012 年，日本 NHK 的大河剧选择了一位开创日本武士政权的人物作为主角，他的名字叫平清盛。在电视剧中，平清盛是一个想成为"海贼王"的男人，而他创立的平氏政权是一个"发家于海，兴盛于海，覆灭于海"的辉煌政权。这是对历史上真实的平清盛和平氏政权进行了艺术加工。

平清盛是使日本转变平安时代中后期以来的"被动"角色，主动开拓宋日贸易的重要决策者。而这个决策者的角色为什么会落到平清盛手中呢？这必须从武家政权的建立开始说起。

武士，是日本平安时代崛起的特殊社会阶层。我们通常所说的武士，全然不同于律令制国家中的武官，例如，在平安时代早期的日本，受桓武天皇指派东征西讨的名将坂上田村麻吕，曾经被授予征夷大将军的职务，征夷大将军也就是后来日本武士政权幕府的最高职务。但是坂上田村麻吕却不是一个武士，他是律令制国家的官员。那么，武士究竟是怎么来的呢？

所谓的平安时代其实并不平安，特别是班田收授制崩溃以后，私有庄园兴起，地方上兴起了一大批拥有庄园的豪强。而原本依附于土地的自耕农陷入破产，其中有一些人就铤而走险，成为盗贼。同时，平安时代早期，朝廷开始向今天日本东北区域

平清盛像

扩张，原本生活在那里的诸多虾夷人被虏为俘囚，他们被驱离原本居住地，强行移配到九州、四国以及本州的中西部区域，交由当地的国司严加看管。在社会转型期中，日本出现了关东的"僦马之党"和关西的濑户内海海贼，当时郡司和一些土豪承担了向中央输送地方庸调的义务。这一批输送中的巨额财富自然就成为盗贼们打劫的主要对象，而这个时期的日本面临着军事危机，原本的三丁抽一的军团兵士制也因为户籍制度的败坏而难以为继，各地方的国司开始面临无军可用的尴尬。朝廷开始推行新的"健儿制"，用征募的兵员来充实真空，因此出现了职业的军人。

为了保护朝廷的利益，朝廷不得不将军事权力下放到地方。为了应付大批的盗贼和俘囚作乱，朝廷授予一些区域的地方官员以军事和警察权，任命了大批押领使、追捕使、警固使，这批人借助朝廷下放军权的机会，征发领地内的兵员，并亲自统帅指挥，逐渐演变为地方上的军事贵族。特别是一批地方上拥有庄园的豪族，他们本身为维护经济利益掌握着私人军事力量。此时就顺理成章地和朝廷军事权力的下放结合起来，成为地方上维护治安的主力军。

　　因此，平安时代中后期，日本确立起了新的国衙军制。国司衙门中的"在厅官人"取得了领地里的绝对支配权。他们之中很多人本身也是当地拥有大庄园的地方豪族，集军事和经济权力于一身。另一方面，平安时代日本朝廷的政治斗争极其激烈，风光无限的藤原家族最终成为平安时代政治斗争的胜利者，但背后是"一将功成万骨枯"。大批中央的政治失意者来到地方，在这些人中，有名门望族，也不乏平氏、源氏这样的皇室贵胄。他们和地方上已经形成势力的军事贵族立刻结合起来，各取所需，通过联姻、寄进等方式结成新的团体。

　　平清盛所属的伊势平氏就是这样的新团体，其祖先平高望在宇多天皇宽平元年（889）被降为臣籍，赐姓平氏，然后就被派遣到关东的上总任职，很快和当地的豪族打成一片。平氏因自己的声望和政治影响居于核心，依附于他们的地方豪族称为"郎党",平氏武士集团就此形成。

而到了平清盛的祖父平正盛时期，平氏受白河上皇的命令，讨伐濑户内海的海贼，和关西地区的地方土著结成了深厚的主从关系。平氏的势力因此在濑户内海扎下了根。平清盛的父亲平忠盛，曾为越前守，而越前国的敦贺是当时宋日贸易的重要港口。众多的宋朝商人随着日本海的海流，绕过了博多大宰府，到更靠近日本行政中心的敦贺来寻求交易。平氏在发展崛起的时候，和海外贸易结下了不解之缘。

平治元年（1159），平清盛利用天皇、上皇、藤原氏等朝廷各方势力的矛盾，在保元之乱、平治之乱两场血腥的政治斗争中击败了所有政敌，并且成功削弱了朝廷各方势力。朝门之中，半为平氏。昔日以武艺服侍朝廷的武士阶层终于翻身成为朝廷的主导者，平氏政权成为日本第一个武士政权。

掌握朝政的平清盛，自然要通过朝廷来实现平氏武士集团利益的最大化。而平氏的核心利益在濑户内海和九州，这一区域并不像日本关东那样，拥有广阔的平原和肥沃的土地，但对外贸易极其发达。平清盛的父亲平忠盛曾托庇鸟羽上皇，获得了北九州肥前国的庄园，在那里依靠地理之便和自中国宋朝前来的商旅进行贸易，这一行为打破了大宰府对外贸的官方垄断，但由于平忠盛是有背景有靠山的人，大宰府对其无可奈何。平清盛曾经先后担任九州的肥后国、濑户内海沿岸的安艺国、播磨国的国守，在这几处地方苦心经营，营造了一条自濑户内海到北九州出口的对外贸易航线，到保元三年（1158），平清盛又接任大宰大式，成为官方对外贸易机构大宰府的实际行政长官，这更便利了他推进伊势平氏的宏大外贸计划。

平清盛的贸易规划首先是从建设贸易港开始，日本永历二年（1161），平清盛在中日贸易的传统港口博多建筑人工港，进一步扩大博多的规模。新修筑的港口如同两只袖子从东西两面伸出，因此称为"袖之凑"。但平清盛对于博多的地理位置并不满意。他认为九州北部远离日本的行政中心，因此，希望在平家的利益核心区域濑户内海再度建设一处贸易港。平清盛选择的地方就是今天的神户港一带，当时称为"福原"。应保二年（1162），平清盛取得了福原一带的庄园所有权，决心将这里建设成一个对外贸易核心港口。

福原的大轮田泊一地港口深阔，历代也都试图将之经营为外贸港，但一直未能成功，因为此地的地理气候有严重的缺点，这里的东南风很大，海浪冲击十分猛烈，时常毁坏停泊的船只。平清盛决定在港口外侧建造一座人工岛，以抵挡风浪。在当时日本的工程技术条件下，这一施工方案显然是高难度的，在当年施工时就遭遇大风，被迫停工。第二年，平清盛亲自监工，将佛经沉于海中祈祷，这才顺利开工，这座名为"经之岛"的人工岛屿整整花费了十年的时间，到承安三年（1173）才告完成。

仁安三年（1168），平清盛出家，辞去了太政大臣的官位，下令在福原为他自己修筑一座名为"雪见御所"的别墅，并从京都六波罗迁居于此。福原在随后开始建设京城，平清盛甚至有意让朝廷从京都迁移至此。

在平清盛的促进下，日宋贸易火热铺开。南宋朝廷为了支付庞大的对金岁币、军事以及其他开支，也十分重视对外贸易，对商人出访采取开放的态度。而平清盛则取消了平安时代以来日本商人出境的禁令，允许日本人主动前往朝鲜半岛和中国政府交流往来。他还力请后白河天皇在嘉应二年（1170）驾临福原接见宋朝商人，以示朝廷对日宋贸易的重视。当时的保守派公卿藤原兼实等人讥刺他把宋商带进日本畿内是"我国从来未有之事，天魔之所为"。

承安二年（1172），南宋明州的地方官委托日本商人带来了一份文书，在这部文书里，有着"赐日本国王物色"的字样。这份文书的用词显然已经刺到了某些日本人的敏感神经，一些公卿纷纷指出将"天皇"称呼为"日本国王"是一种侮辱。但平清盛却力排众议，不仅收下了文书和货物，还在第二年命令藤原范永起草了一份回文，并附上由后白河法皇赠送的内装彩革三十张的描金橱一个、内装砂金一百两的描金提箱一只，由平清盛赠送的剑一把、内装武具的提箱一只。当然，保守派藤原兼实等人又是一顿口诛笔伐，指责平清盛将回文中

"法皇"称呼为"太上天皇"不妥，不该将武器输出国外，不
该将皮革放在回礼中等。这些守旧的意见，足见平清盛在推动
日宋贸易的过程中所持的巨大决心。

日宋贸易中，中国输入日本的货物主要有香药、书籍、纺
织物、文具、茶碗等。治承三年（1179），平清盛就向高仓天
皇献上了新进口的《太平御览》。而日本输出品则以黄金、药
材、木料等等为主，还有水晶、扇子、刀剑等日本工艺品。而
其中一个重要的副产品是宋钱的大量输入。

日本的官铸货币，最早可以追溯到和铜元年（708）的
"和同开珎"，这一枚货币是仿效中国唐朝的开元通宝所铸造。
开元通宝铸造于唐高祖武德四年（621），直径约2.5厘米，重
量约3.7克，钱币上铸有"开元通宝"四字，为著名书法家欧
阳询手书。而和同开珎无论是重量、大小还是钱文"和同开
珎"四字的书法字体都和开元通宝一样，足见这是一枚仿作。
但是，和同开珎在发行以后，由于政策失误，导致了日本经济
混乱。和同开珎是一枚官方强行规定价值的货币，但金属货币
本身具有价值，一旦铜价波动，所谓的国家定价就会被市场规
律狠狠教训。和同开珎在民间私铸盛行，很快导致价值暴跌，
于是在天平宝字四年（760）日本又发行了"万年通宝"，规定
一枚抵十枚"和同开珎"。但是，一枚铜钱顶过去同样大小质
量的十枚铜钱是严重违背市场规律的，在兑换过程中造成了极

大混乱。此后一直到应和三年（963），日本多次发行新的铜钱，合称"皇朝十二钱"，大小不一，随着铜资源的枯竭，质量越来越差，导致金属货币最终不得不退出市场，日本放弃了用"钱"，改为以物易物。

宋钱大批输入改变了这一局面，也顺应了日本货币经济发展的需求，这是平清盛稳定经济，稳固政权的一项重要举措，改变了日本 11 世纪以来钱路断绝的状况。从这一角度，我们也可以看出武士这个新兴阶层所具有的进取和开拓精神。

源赖朝建立的镰仓幕府延续了平清盛的政策，继续开展宋日贸易，直到日本文永五年（1268），元朝忽必烈给日本寄来了一封充满威胁口气的书信，揭开了"元寇入侵"的序幕，中日关系进入了一个新的时期。

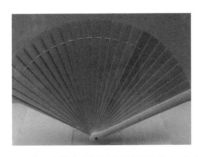

左图为日本桧扇（摄于中国扇博物馆），在宋日贸易中，日本的扇子是输入中国的其中一项贸易品，中国输入日本的扇子为团扇，而到了八世纪中叶，日本出现了折扇，从明代开始通过贡物、贸易等途径大批进入中国。
右图为日本蝙蝠扇（摄于中国扇博物馆），日本折扇基本可分为板扇（桧扇）和纸扇（蝙蝠扇）两种，可能是由朝笏演变而来。

称名寺庭园（位于横滨市，为镰仓时代金泽北条家的菩提寺庭园，是目前日本保存比较完好的净土庭园）

　　而在随后建立的足利氏室町幕府时期，将军足利义满继续派遣"遣明船"，甚至不惜打破传统，以所谓"日本国王源道义"的身份向明朝朝贡，换取明钱和各种中国商品的输入，这是对平清盛的又一次模仿。从这个意义上看，平清盛是中日关系史上一位有着卓越贡献的人物。

第四章

　　1967 年，在新疆阿斯塔纳墓中出土了一件唐代对狮纹锦，有趣的是，从阿斯塔纳出发跨越几乎整个中国大陆，再飘洋过海到日本奈良，在奈良的正仓院也藏有两片狩猎纹锦，上面所绘的狩猎骑士卷发高鼻，正在张弓引箭。他的姿态和遥远的新疆出土的那片锦一模一样。在中日纺织品交流史上，这样有趣的"巧合"层出不穷，背后的故事也耐人寻味。

东海丝路——纺织品的东传

第一节　货币化的唐代纺织品

在唐朝著名诗人白居易的名作《卖炭翁》中有一句"半匹红纱一丈绫，系向牛头充炭直"。为什么宫市的宦官用红纱和绫来买老人的一车炭呢？陈寅恪先生在《元白诗笺证稿》中对此做了注解："唐代实际交易，往往使用丝织品。"当然，半匹红纱一丈绫是肯定不能抵一车炭的价格的。唐朝有一个叫"估法"的制度，分为"省估"和"实估"，所谓"省估"是官方高抬的虚价，而"实估"是民间的实际价格。对于"半匹红纱一丈绫"的价值，宦官们用"省估"给了一个高抬的虚价，用来换了一车炭，显然是一种虐害百姓的勒索行为。但是，丝织品对百姓真的无用吗？其实，这是由于对唐朝经济制度不了解而造成的一种误读。

唐朝的纺织品确实是一种货币，是真的可以用来交换东西的，而且获得了官方的肯定。《册府元龟》中载有："绫罗绢布杂货等，交易皆合通用。如闻市肆必须见钱，深非道理。自今以后，与钱货兼用。违法者准法治之。"唐玄宗在这里以国家行政命令的方式规定必须"钱货兼用"，绫、罗、绢、布等纺织品具有和钱同样的地位，同样可以在市场交易中作为货币使用。两年后，纺织品的地位又提高了："货物兼通，将以利用，而布帛为本，钱刀是末，贱本贵末，为敝则深，法教之间，宜有变革，自今以后，所有庄宅、口马交易，并先用绢布、绫罗、丝帛等，其余市买，至一千以上，亦令钱物兼用，违者科罪。"唐玄宗认为：纺织品是"本"，而钱币是"末"。要求市场交易优先使用绢、布、绫罗、丝帛等，只有买卖价值在一千以上的，才准许钱币和布帛并用，并且严厉规定"违者科罪"。

不但官方规定纺织品为一种流通货币，在民间情况也大体如此，《新唐书》记载："今两税出于农人，农人所有，唯布帛而已，用布帛处多，用钱处少。"这里明确点出了民间交易往往多用纺织品，因为农民手里的通货只有纺织品。不但唐朝境内交易行用纺织品，在对边境少数民族和国外交易，也往往行用纺织品。如元和年间，党项部落和中原交易，就以布帛换取车马的方式各取所需。前往新罗的也往往随身携带布帛，用来和新罗人交易。可见唐朝时期，纺织品作为流通手段，应用也是十分广泛的。

纺织品还是唐朝政府财政收入的重要组成部分。初唐的均田制度，规定了相应的租庸调制，规定每一个成年男性每年要输绢二匹，绫、絁二丈，布加五之一，绵三两，麻三斤，称为"调"；也可以上缴绢三尺替代必须向政府付出的劳役，称为"庸"。调和庸所征收的基本都是纺织品。据统计：天宝中，全国赋税收入，包括租庸调、地税、户税在内，有粟二千五百余万石，布、绢、绵二千五百余万端（屯、匹），钱则二百余万贯，以上折合绢共计4146余万匹（其中粟、布、钱值3295余万、绵绢851余万），绢绵占全部收入的20.5%，但其中的钱200余万是户税，实际上主要纳实物再折变为钱，其中有相当部分仍然还是绢帛。2500余万石粟中，包括地税1240余万石和租粟1260余万石，二者几乎各占一半，无论地税还是租粟折纳绢帛的数量也很大，所以加上折纳，绢帛当占1/3左右。可见绢帛等纺织品是唐朝财政收入的一大组成部分，也是纺织品货币化的一大表现。据《通典》记载：当时州县殷富，仓库堆积着大量的粟帛，因此，杨钊奏请将粟折为所谓的"轻货"，加上征丁租，地税皆折变成布帛运送到京师，布帛充满了官府的仓库。

纺织品还会被用作价值尺度，比如唐朝规定各地的"进贡"，必须是当地的土产，而其价值不得超过五十匹绢。唐律也规定，赃物的价值多少可以使用绢来估价。说明绢在当时是政府机构确定价值的一种标准物，如同我们今天行政和司法体系中用货币来确定价值一样。

纺织品要成为一种一般等价物，首先就要满足以下条件：（1）大量的生产和投放市场。只有一种货物在市场上大量出现，才可能成为一种一般等价物。（2）统一的管理和质量规格标准，这是一种商品成为一般等价物的另一个条件，金银之所以能成为一般等价物，和其容易切割，方便铸造成统一规格的货币有很大关系。因此，纺织品在唐朝成为一般等价物，和政府的大力扶植和严密的管理体系是分不开的。

一个有趣的事实是：隋唐时期的中国，开始并不像后来那样以南方为纺织品主要产地。在隋朝时期，河北地区还是"人多重农桑"。在中唐前，北方缴纳的"调"，相州绢中夹有部分丝，河南陈、许、汝、颍州以絁绵为主，其余各州皆以绢和绵为主要缴纳物。当时绢产地按出产品质分为八等，一等宋、亳；二等郑、汴、曹、怀；三等滑、卫、陈、魏、相、冀、德、海、泗、徐、博、贝、兖。布产地一等复州，二等常州，三等扬、湖、沔。赀布九等，一二三等为黄、庐、和、晋、泗、楚等。可见，当时大部分纺织业的中心在北方，而长江流域却是以麻为主。但这个时候，江南由于气候适宜的原因，纺织业已经初步兴起，扬州之地一年蚕四五熟，因此出现了"夜浣纱而昼成布"，俗称"鸡鸣布"。到中唐以后，由于北方的持续战乱，大量手工业者南迁，南方纺织业也有了长足的发展，根据常贡资料：唐前期长江中下游18州（扬、和、寿、庐、濠、润、常、苏、湖、杭、睦、越、衢、婺、括、温、建、泉)贡纺织品 19 种,唐后期也是 18 州(增明、滁,减温、和)贡 38 种,其中以越、宣、扬、润四州最为突出。

唐朝纺织业的大规模扩张发展,是唐朝纺织品货币化的一大前提条件。

唐朝的手工业有四种类型:一是官府手工业,二是家庭副业手工业,三是私营手工业,四是寺院手工业。唐朝的纺织业也可以大体分为以上的类型。对于官府手工业,唐朝政府侧重于直接经营,而对官府手工业以外的手工业则采取间接管理,关心的是生产者租税和徭役的获得。所以,唐朝手工业管理设置的重点在于官府手工业。

对纺织业等手工业的管理的最高行政机构为工部,工部的政令由少府、将作、军器和都水四监具体实施,其中,少府监掌管工匠,下设中尚、左尚、右尚、织染、掌冶五署。所以,唐朝纺织业的最高管理机构就是工部少府监下的织染署。该署是专门负责染衣、制衣的中层机构,其下设 25 个"作",每个作按不同的纺织品类型和织造品种分工细作。"作"就是中央官营纺织业的具体管理机构。

在地方上,地方政府于当地设置官府手工业作坊,以生产贡品和供地方消费的特色手工业品,当然也包括纺织品。对于民间的纺织业,则通过户籍管理,并对工匠的产品规格、档次、样式有具体的规定，通过流通环节进行干涉以保证其质量。

　　唐朝纺织业的管理主要内容为：第一，以征集及和雇的方式保证官府经营纺织业人手的需要，政府采取种种措施保证官府纺织业中能工巧匠和其他人手的满足，一般来说，在唐朝前期基本上通过行政强制的方式征集手工业者，在唐朝后期，由于国家衰落，统一的情况不再，人口与户籍制度败坏，一般采取和雇的方式招集手工业者。这样，最大限度地保证了官府纺织业人手的充足，保证了官府纺织品的收入。

　　第二，通过户籍管理来保证政府对民间纺织业产品的获得。唐朝建立了十分完善的"手实"制度。同时，唐朝的手工业者地位较隋朝有所提高，隋朝规定"役丁十二番，匠则六番"即个体小农每年服役一月，而工匠两月。到唐朝时期，改为："诸丁匠岁役工二十日，有闰之年加二日。"不但把丁和匠的服役时间调整为相同，且丁匠并称，反映了工匠地位的提高。在工匠聚集的城市区域还设置坊的机构和坊正，加强对工匠的管理。

　　第三，采取必要的手段保证纺织业的产品质量。这是纺织品成为一般等价物的一大必要条件，也是纺织品作为一般等价物的必然要求。在官府手工业中采取工匠培训制度，"教作者传家技，四季以令丞试之，岁终以监试之，皆物勒工名"，唐代制定了工匠培训和考核制度以保证生产质量，通过产品实名制度来建立产品质量责任追踪制度。同时制订样式作为生产标准，作为考核工匠的依据及验收调物和税收物的标准，并为市场交易时买卖双方参照之商品质量依据。官府纺织业以窦师纶绘画《内库瑞锦对雉斗羊翔凤游麟图》作为样本。地方专供的织锦户也必须严格遵照官样，并禁止民间私自生产和销售。唐朝政府对民间纺织业的样式控制是十分严格的，如果私自造用，不但相关当事人要受到处分，连相关管理人员也要承担连带责任。有时皇帝为示节俭，对高级纺织品的生产做硬性限制，如开元二年，唐玄宗颁布诏敕："雕文刻镂，衣纨履丝，习俗相夸，殊途竞爽，致伤风俗，为弊良深……天下更不得采取珠玉，刻镂器玩，制作锦绣珠绳，织成帖绢二色，绮绫罗做龙凤、禽兽等异文字及竖栏文者。违者决一百，受雇工匠降一等科之，两京及诸州旧有关织锦坊悉停。"对民间纺织品的粗恶、短狭等不合样式者，政府也用法律形式予以规定，"诸造器用之物及绢布之属，有行滥，短狭而卖者，各杖八十"。其中行滥指"器用之物不牢不真"，短狭指"绢匹不充四十尺，布端不满五十尺，幅宽不充一寸八尺而卖"，在国家法律中对纺织品的长短规格有非常详细的规定。

第四，对纺织业的行业违法行为进行严厉处罚。唐律规定："得利赃重者，谓卖行滥，短狭等物，计本之外剩得利者，计赃重于杖六十者'准盗论',谓准盗罪一尺杖六十,一匹加一等,计得利一匹一尺一上即从重科,计赃累而倍并。贩卖者,亦如之,谓不自造作,转买而卖求利,得罪并同自造之者;市及州、县官司知行滥情,各与造、卖者同罪,检察不觉者减两等,官司知情及不觉,物主既别,各须类而倍论。"凡是制造或出售不合质量规定的纺织品,如果除去本金,得利润超过一定限度,就要入罪,每尺杖六十,超过一匹加一等,超过一匹一尺一寸从重处罚。如果监察的市场管理人员或州县官员明知而不纠察的,同罪处理,不知情的也要负监管不严的责任。

这样,通过法律和政府命令等形式,唐朝政府对纺织品的质量、规格做了详细规定,保证了纺织品成为一种具有统一的规格的一般等价物,同时对违反纺织品管理规定的以法律形式给予处罚,保证纺织品在市场上的健康流通。这些成为纺织品货币化的前提,也是纺织品货币化后的必然要求。

那么,为什么唐朝会用纺织品作为货币来使用呢?

以西州高昌地区为例,西州高昌地区的货币关系基本可以分为三个时期。第一时期为367—560年,称为纺织品本位时期,分为以毯为主和以叠布为主的两个阶段。原因是中原战乱,柔然等民族控制了丝路,高昌商贾多与游牧民族进行交易,以毯和叠布为通货,一方面和游牧民族有关,另一方面和高昌本身生产力发展,棉花种植扩大有关,该时期的商业经济

不是非常发达。第二时期为 561—680 年，大致为高昌国后期
到唐初，为银钱本位时期，在该时期，基本以银钱作为一般等
价物，而纺织品作为一般等价物暂时消失了，原因在于突厥
的崛起扫清了丝路的障碍，隋的统一为高昌货币变化提供了条
件，高昌的商品经济开始发达，应该说这个时期商业经济达到
了顶峰。第三时期为 681—763 年，大致为唐高宗后期到安史
之乱，为铜钱本位和棉布冲击铜钱本位时期，由于大食兴起，
银钱来源枯竭，同时，中原经济鼎盛，铜钱就取代了银钱，到
了后期，安史之乱使中原无力经营西域，西州经济衰落，以棉
布为代表的纺织品又开始冲击铜钱的本位地位。

从上面的过程可以看出：纺织品的货币地位有一个回归的
过程，这个过程和西州商业经济的发展和衰落密切相关，虽然
不排除其他因素的影响，但商业经济是否发达实为纺织品是否
作为一种重要的一般等价物之根本原因。金属货币作为一般等
价物有着天生的优势，利于切割、熔铸，方便携带，相对于其
他商品，显然更适合作为一般等价物使用，然而，金属货币成
为一般等价物是商品经济十分发达的一种表现。商品经济的发
展是从传统的物物交易开始的，由于物物交易的偶然性，并不
需要一般等价物作为中介。在物物交易发展到一定阶段，由于
交易的频繁，就需要一种商品从其他商品中分离出来作为交易
的中介，这种商品就是一般等价物，最早的一般等价物往往就

是一种数量大而有一定规格或质量标准的商品，唐朝的纺织品就是这样一种商品。当商品经济高度发达时候，金属货币就以它特有的优势取代别的商品成为一般等价物。因此纺织品在唐朝货币化可以视作唐朝商品经济还不甚发达的一种表现。

当然，我们可以看见：唐朝纺织品作为通货的记载多见于前期，而唐后期铜钱的流通日渐扩大，绢帛日益受到排挤。应该说，经过安史之乱后，唐朝的经济已经全面走向衰落，为什么反而会出现金属货币大行其道的情况呢？这首先和唐朝后期大批商人由纺织品转向茶叶，纺织品市场相对衰落有关系，但其根本的原因在于安史之乱前后，均田制度破坏，土地高度集中，加上战乱影响，大批自耕小农破产，破产农民大量涌入市场，他们只能通过细碎交易来获取生存资料。由于铜钱的细碎性，使得其为市场所接受。所以，唐朝中后期的商业经济不但没有随安史之乱衰落，反而有了一定程度上的畸形发展。这也能够从侧面说明：纺织品的货币化是一种商业经济不甚发达的表现。

当然，唐朝纺织品的货币化和统治阶级的限制也有关系，中国传统的经济政策一直遵循着重本抑末的方针，认为农为本而商为末。繁荣的商业经济一直被统治者认为是统治秩序的一大威胁，因此，唐政府为阻止近代商业的发展，就采取了对商业经济的种种限制政策，比如严格坊市分离制度，对夜市的禁止等，推行纺织品货币化也是这一系列政策中的一条，政府强制力量的推动也是唐朝纺织品货币化的一大原因。

金属货币特有的属性也是纺织品货币得以推行的原因，从高昌的例子可以看到，一旦金属的来源枯竭，市场上的金属货币就无法满足交易的需求，迫使人们寻求金属货币的替代物。同时，金属货币还面临盗铸、滥铸的威胁，纺织品在这方面具有相对的稳定性，因此政府机构也将之作为"本币"大力推广。

唐朝纺织品的货币化是特定时期的一个特殊现象，它受到种种因素的影响，但其根本在于唐朝商业经济的不甚发达，随着商业经济的持续发展，纺织品作为一种一般等价物，必然就会被市场规律所淘汰。种种迹象表明陈寅恪先生的那句话不是无因而发的，是有着深刻历史证据的。

了解了这一点，我们再去读《大唐开元礼》中关于外交场合的一些记载。《大唐开元礼》卷七九中记载了大唐皇帝接受蕃使上表和币的礼仪，其中说道："初侍郎奏书，有司各帅其属受币马于庭。"在蕃使入朝时，各相关部门要接受他们带来的"币"，在他们朝见皇帝的时候码在庭前，大家千万不要想着一大堆黄金白银亮闪闪地堆在皇帝面前的场景，"受币马于庭"在唐朝，基本上就是一大堆纺织品堆在庭前。"币"字从"巾"，《说文》说："币，帛也。"说明在古代，币是和纺织品联系在一起的。

以遣唐使为例，遣唐使带去的国礼在《延喜式》中有记载：

> 大唐皇，银大五百两，水织絁，美浓絁各二百疋，细絁、黄絁各三百疋，黄丝五百絇，细屯绵一千屯，别送彩帛二百疋，迭绵二百帖，屯绵二百屯，纻布卅端，望陀布一百端，木绵一百帖，出火水精十颗，玛瑙十颗，出火铁十具，海石榴油六斗，甘葛汁六斗，金漆四斗。

其中前面的"银大五百两，水织絁，美浓絁各二百疋，……细屯绵一千屯"是正式的"国信物"，在"别送"两字后记录是额外附送的礼品。这些礼品中包括了大量的纺织品，是作为"币"奉送到中国的。对渤海、新罗的国礼就纯为纺织品了——"渤海王，绢卅疋，絁卅疋，丝二百絇，绵三百屯，并以白布裹束。……新罗王，絁廿五疋，丝一百絇，绵一百五十屯，并以白布裹束"。

不仅如此，日本朝廷对遣唐使使节团的赏赐，也是用纺织品支付的：

> 入唐大使，絁六十疋，绵一百五十屯，布一百五十

端。副使，絁卅疋，绵一百屯，布一百端。判官，各
絁十疋，绵六十屯，布卅端。录事，各絁六疋，绵卅
屯，布廿端。知乘船事、译语、请益生、主神、医师、
阴阳师、画师，各絁五疋，绵卅屯，布十六端。……

　　而这大批纺织品的来源，正是日本推行租庸调制所征收的
"庸"和"调"。除了用于做国礼以外，《延喜式》所记载的发
放赏赐、献纳寺社、发放俸禄等场合，都用了大量的纺织品。

　　而遣唐使到了唐朝，唐朝皇帝对使者的赏赐和对日本的回
赐也大量包含纺织品。《旧唐书》卷四三《职官二》记载，户
部下属的金部郎中和员外郎"掌判天下库藏钱帛出纳之事"，
"若赐蕃客锦彩，率十段则锦一张，绫二匹，缦三匹，绵四
屯"。这些珍贵的纺织品体现了大唐的"体面"，而今天的正仓
院中，也保留了不少来自唐朝的丝织品，为我们提供了研究那
个时代中日之间丝绸之路的最好材料。

第二节　陵阳公样和西域之风

　　西安碑林博物馆藏有一方唐代的墓志，墓志的盝顶盖题有七行篆书："大唐秦府咨议太府少卿银邛坊三州刺史上柱国陵阳郡开国公窦府君墓志铭"，志文共 40 行，追溯这位墓主辉煌的一生，特别是其中提到墓主在唐高祖武德四年（621）被派遣到益州，制造舆服器械。于是，墓主殚精竭虑，创造了新的丝织品样式，墓志铭称赞说："焕矣夫！亦文物之奇观也。"

　　这位墓主名字叫窦师纶，其先祖为鲜卑纥豆陵氏，其家族世仕北魏，在孝文帝改革期间改姓窦氏，又与隋唐皇室通婚。窦师纶的祖母为隋文帝的姐姐，堂姑母为唐高祖李渊的皇后。窦师纶在李世民的秦王府任职，因此为唐太宗的潜邸旧人，因功封陵阳郡公。武德四年他被任命为益州行台尚书省左仆射，同时兼益州大行台检校修造，委以制定新朝服饰制度的重任。他在益州所创造的丝织品样式，后人以他的爵位命名为"陵阳公样"。

唐团窠联珠对狮纹锦（摄于中国丝绸博物馆，该锦以黄、褐色为主色调，中央联珠团窠纹中饰有两只对称的雄狮，四周有跳跃的狮子）。

根据张彦远《历代名画记》卷十记载："窦师纶，字希言，纳言、陈国公抗之子。初为太宗秦王府咨议、相国录事参军，封陵阳公。性巧绝，草创之际，乘舆皆缺，敕兼益州大行台检校修造。凡创瑞锦、宫绫，章彩奇丽，蜀人至今谓之陵阳公样。……高祖、太宗时，内府瑞锦对雉、斗羊、翔凤、游麟之状，创自师纶，至今传之。"

这个记载描述了"陵阳公样"的特色和产生的背景。益州一带素来以"蜀锦"闻名，三国时期，诸葛亮为发展生产曾设立"锦官"，因此，唐诗中多将成都称为"锦官城"。这也是窦师纶在唐朝建立之初，就被委派前往益州的原因。同时，益州早在汉时，就和西南的印度和中亚地区有交流，张骞通西域，曾在身毒（今印度）一带见到了四川盆地产的邛竹杖。蜀锦的工艺经验和外来的元素，都对陵阳公样的诞生有着巨大影响。

那么，陵阳公样究竟是什么样的呢？

就在窦师纶被派遣到益州的武德四年，唐高祖在这一年八月发布诏书，对大小官员的服饰加以规定："三品以上，大科绸绫及罗，其色紫，饰用玉。五品以上，小科绸绫及罗，其色朱，饰用金。"这里的"大科"、"小科"通"大窠"、"小窠"，是指衣服上所出现的联珠团窠图纹。这种图纹来自中亚地区。

2015年，在中国丝绸博物馆的"丝路之绸——起源、传播与交流"展中，展出了青海都兰热水墓地出土的一件唐代红地瓣窠含绶鸟锦的残片。通过其中6件一组的残片，可以勾勒出这件织锦原本的整体图案——图中央有一个椭圆形的圈（称为"团窠"），圈起了一只鸟，鸟嘴衔有一串联珠项链，颈戴联珠项圈，羽纹呈鳞甲状。团窠周围环有八个花瓣，团窠与团窠之间为十字形花纹饰，整块织锦推测为宽

窦师纶墓志拓本（摄于"丝路之绸——起源、传播与交流"展）

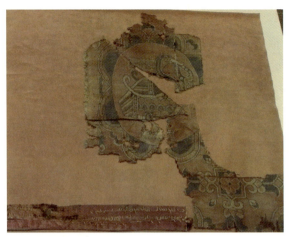

唐红地瓣窠含绶鸟锦和红地桃形纹波斯文锦（摄于"丝路之绸——起源、传播与交流"展）

110厘米，长220厘米左右，共有48组这样的团窠单元图案不断连续重复。在同墓中还出土有红地桃形纹波斯文锦，正面绣有连续心形图案，反面为两行波斯文，可能是前述的红地瓣窠含绶鸟锦的边缘部分。

这件红地瓣窠含绶鸟锦可以和敦煌文书中的记载相印证，波斯文字的出现说明这件织锦是由知晓波斯文字的中亚织工制作的，有赖于我国大西北干燥的地理环境，这件织锦保留至今，为我们研究唐代的丝织品提供了重要线索。这种联珠团窠纹的织锦样式来自中亚，和中亚的琐罗亚斯德教（又称"拜火教"，为萨珊波斯的国教）信仰有着密切关系，而这种纹饰用了大量的几何图形构筑图像要素，用鸟兽、草木作为主要的描绘对象，也特别契合其后兴起的伊斯兰教的需求，由于伊斯兰教禁止偶像崇拜，在艺术上就大量采用几何图形和鸟兽草木纹饰。而另一方面，这种纹饰风格又渗透入中亚的佛教艺术中，由波斯风格转型为中亚粟特风格，并通过丝绸之路传播到中国。

四川成都的万佛寺遗址出土有南朝梁大同三年（537）的佛立像一尊，在这尊佛像的衣带上，也饰有带莲花和飞鸟纹样的联珠团窠图案，可见在南朝时期，四川一带已经有这一类型的织锦纹样进入，在其后的隋唐时代，窦师纶将蜀锦特有的风格和中亚波斯、粟特风格的纹饰结合起来，创造了"陵阳公样"。这种新的样式并非是对波斯和粟特风格的简单模仿，而是化用了联珠团窠的图案风格，将中国特有的"对雉、斗羊、翔凤、游麟"等图案元素结合其中，因此在武德四年八月，得以应用于唐代的官服制度上。

唐代官方的丝织品纹样对日本同时期的丝织品影响尤深。从遣唐使的"国信物"和唐朝赠送的回赐可以看出，日本向唐朝赠予的大多是绵、絁、布等技术含量低的织物，而唐朝回赐的则是锦、绫等高级织物，通过这种"低出高入"的手法，日本不断获取唐朝优秀丝织品的信息情报，改进自己的丝织品制造水平。

日本学者认为，日本列岛的蚕桑文化来源于大陆。来自大陆或朝鲜半岛的漂流民将蚕桑技术和染织技术传入日本，一路经濑户内海东传到日本当时的政治核心区域。而遣唐使带回的高级丝织品，无疑会对当时还属落后的日本织业带来一定程度的冲击。

大阪的叡福寺就藏有一片刺绣残片，叡福寺所在地为圣德太子的墓地，传为推古天皇三十年（622）所建，今天认为该寺建立大约是在平安时代。该寺所藏的刺绣残片为一片残缺圆形的团窠图案，中央是一只大张着嘴的狮子，而狮子头像的周围用联珠绣出一个圈。奈良法隆寺也有一件7世纪时期的蜀锦，该锦以方格子纹样分割整体，在每个格子中心，有一个联珠结成的团窠，四周装饰唐草纹。这些说明在唐前期，陵阳公样的部分产品已经流传到日本。

正仓院北仓收藏的花毡则更能说明问题。花毡为浅蓝色地，羊毛染色，中央为两大团花纹，花纹呈紫、褐、绿三色，团窠中央为一朵盛开的花，外饰珍草，再外面以八朵团花团团聚攒，颜色艳丽，美不胜收。这样的大团窠图案的花毡就是大陆传往日本的舶来品。

团窠的图案样式在其后，被日本朝廷所仿效，通过纹饰的复杂化做出更精美的丝织品。正仓院北仓藏有一件紫地凤形锦轼，是圣武天皇生前的御用品。从这件物品上我们可以看出，

　　在天平时代，日本对团窠图案的处理已经非常成熟。锦轼是一种坐卧用具，在席地而坐的时候，可以微微斜倚，用这个垫着手肘撑着身子，因此往往用柔软的植物纤维作芯，外裹锦绫。这件锦轼的外裹锦绫，上饰凤凰纹样，而每一个凤凰周围圈以葡萄唐草纹构成团窠图案。值得一提的是，这件锦轼为紫色，紫染技术也是由遣唐使带回，采用紫草染制。从织锦的成分分析，应该是日本的仿制品。

　　在正仓院收藏的珍品中，有大唐元素的不在少数。比如北仓中收藏的另一件舶来品花毡，在中心部位画有一个拿着球杆的小人。唐朝宫廷沉迷马球游戏，大明宫的麟德殿前就有大片的马球场，杜甫的诗中曾经提到这一场景："功成赐宴麟德殿，猿超鹘掠广球场。三千宫女侧头看，相排踏碎双明珰。"而马球除了如陕西乾县章怀太子墓中出土的《马球图》描绘的那样跃马击球以外，还可以如这幅毡上的小人一样步行击球，也就是唐朝诗人王建所作宫词中提到的"寒食宫人步打球"。这种古代的"曲棍球"也在唐朝风靡一时，因为这一件毛织物，我们今天仍然能看到当初步打球球员的英姿。

　　陵阳公样在日本的遗存，为我们展示了一条西起中亚，东到奈良的漫长丝路，在这条丝路上，技术、审美、纹饰、材料不断交流，古代世界的沟通就在文物中遗存下来，为今人提供无限遐想。

第三节　臈缬屏风的秘密

正仓院中，至今收藏着不少屏风，而几乎每一扇正仓院屏风都能为我们提供诸多的研究信息。

就拿北仓里那件著名的鸟毛立女屏风来说，该屏风为纸本，为天平胜宝八年（756）供奉给东大寺。在明治时期的《正仓院御物目录》中有东大寺献物账上的记录："鸟毛立女屏风六（扇），高四尺六寸，广一尺九寸一分，绯纱缘，以木假作斑竹帖，黑漆钉，碧絁背，绯臈缬（絁）接扇，揩布袋。"

这件屏风是日本的国产品，拿屏风正面用于绘画的纸来说，根据正仓院对纸成分和制作手法的研究，该屏风的用纸原料为楮，其制作方法也符合《延喜式》卷十三《图书寮》中所记载的造纸工艺规定：截、煮、择、舂，具有当时日本工艺的特征，屏风中的衬纸也是一份天平胜宝四年的文书。同时，在屏风画面上，仕女的发髻、衣服和点景树石上原本粘有鸟毛，如今已经全部剥落，仅在其中一扇的仕女袖上还留存少许，经过分析，是日本雉鸡的毛。但是这件日本国产品看起来却完全不是日本的风格。

为什么这样说呢？且看屏风上绘的图案，那是一位典型的唐朝装束的仕女，云鬟高耸，面貌丰腴，在眉间点有艳丽的翠钿，身上披着羽衣和薄纱。唐代诗人温庭筠所描绘的"倭堕低梳髻"、"眉间翠钿深"，在这幅屏风上有了直观的体现，似乎是将我们常见的唐朝仕女俑搬到了"二次元"。

这位仕女所穿的鸟毛衣服在唐史上亦有所载。《旧唐书》卷三七《五行志》记载："中宗女安乐公主有尚方织成毛裙，合百鸟毛，正看为一色，旁看为一色，日中为一色，影中为一色，百鸟之状并见裙中。凡造两腰，一献韦氏，计价百万。"这款样式在当时引起了唐朝贵族妇女的争相模仿，结果山野中的鸟儿倒了大霉，它们的羽毛被"采之殆尽"。而到了玄宗时，这种羽衣更因为一曲《霓裳羽衣曲》而声名大噪。

无论从图像上仕女穿的羽衣，还是贴羽毛的制作方法，都可以看出这款屏风对盛唐审美的追逐。而在衬纸中发现有"正六位下行□□秦伊美□次"的字样，秦氏是从大陆或朝鲜半岛漂流到日本的漂流民的后裔，所以，有学者怀疑有大陆来的归化工匠做技术指导。

因此，今天也有研究者将鸟毛立女屏风的"树下人物"图样，绘画中的叶形、树形、飞鸟、石形等细节，和中国魏晋至隋唐期间的绘画做对比，认为这一屏风符和绘画体系中魏晋南北朝至唐朝写实状物的特征，人物形象、衣服饰品也符合同时代人物的特点，鸟毛立女屏风的绘制方式和唐代时期绘画的制作方式也具有同一性，因此认为这件屏风可能是一件舶来的绘画半成品，在日本被制作成了带有工艺品性质的屏风，为我们研究这件屏风提供了另一个视角。

值得注意的是，在献物账上关于这一件屏风出现了一个词——"绯臈缬（絁）"，什么是臈缬？这必须得从另一件正仓院屏风——羊木臈缬屏风开始说起。

羊木臈缬屏风是 2017 年第 69 回正仓院展展出的一件珍品，在开幕当天，前来争睹其风采的观众络绎不绝。这件屏风画面的中央是一只硕大的羊，羊头上长着两只卷曲的角，身上布有漂亮的几何花纹，特别是脖子上用几何图案构成飘带的样子。羊的身后，也就是画面的上方，有一棵树，树上花开正艳，有两只猴子在树间跳跃嬉戏，羊的下方是连绵的山脉。

这件屏风具有浓郁的西域风采，羊并非是日本列岛的动物，在今天的日本，羊肉除了在北海道等寒冷区域以外，甚少有日本人食用。在古代日本，羊更是一件稀罕的物事。《日本书纪》记录说推古天皇七年（599），百济使节献有两头羊，而到了平安时代的朱雀天皇统治年间（930—946），吴越国商人蒋承勋也数次来到日本献羊作为礼品。在几个世纪以后，羊依然是一种珍品，可见日本并没有大规模饲养羊，且官方是将送来的羊作为一种珍奇动物来饲育。由此也可知，羊肉的食用和羊毛制品的普及在当时的日本也是不太可能的事情。

但是羊却是西域织物常见的一个元素，因为羊对丝绸之路上的游牧民族来说意义重大。新疆阿斯塔纳 186 号墓出土有一片北朝时期的绿地对鸟对羊灯树纹锦，这类花纹的锦在吐鲁番地区出土不止一例。锦的图案下方是对立跪坐的山羊，羊头上有弯曲的大角，脖子上有飘带，羊的上方有一棵大树，树上有叶状灯。这类锦在高昌章和十八年（548）出土文书中称为"阳树锦"，而吐鲁番文书中"阳"与"羊"通，因此正确的名字应该是"羊树锦"。羊和树的图案在西域和中亚都很常见，而屏风上的大角羊，在今天中亚撒马尔罕地区的壁画遗迹中就有发现，这种大角羊和琐罗亚斯德教信仰有着密切的关系 ——羊是琐罗亚斯德教中的战神乌鲁斯拉格纳（Verethragna）的化身之一。在陵阳公样中，也有斗羊纹样，应该就是来源于粟特锦中的羊树锦。树则象征着绿洲，丝绸之路上的商路是依赖于沙漠里一片片绿洲连接起来的。商人从一个绿洲到另一个绿洲，完成一个个人类聚居点之间的贸易交流。有趣的是，羊木臈缬屏风上的这棵树，外形看起来很像是胡桃，胡桃是一种在中亚、西亚和南亚广泛有种植的植物。羊在树下，这种具有浓厚西域风情的信仰融入织物纹样，再通过中国唐代传递到日本，才有了日本的这一件羊木臈缬屏风。

"臈缬"是一种染色的方法，"臈"通"腊"，通俗地说，"臈缬"就是今天所说的"蜡染"。屏风上的羊、树木、山脉为绿色，草、猴子和树叶为泛白的淡绿色。绿色的染料根据今天的 X 光检测，发现有孔雀石的成分，推测为石绿，而底色的赤褐色部分经过检测，推测为茜。

正仓院藏臈缬织物的蜡染方式大体上分为四步：首先是整体染色（这一步可以省略），然后是在纹样上施蜡，第三步是再染色，第四步是脱蜡。也就是说，蜡在这里作为一种防染剂使用，被蜡覆盖的地方不会被染料染到。而上蜡的过程，一方面是通过用蜡手绘在织物上构筑图案。

另一方面，当时日本很可能用了固定的版型来制作。在正仓院的《国家珍宝账》上记载了圣武天皇当时供奉给东大寺的物品有"臈缬屏风十叠（各六扇，高五尺五寸，广一尺九寸，碧絁背，染木画帖，漆铁打，摺布袋）"，这批合计六十扇屏风，有七扇留存到今。通过这七扇屏风的互相比较，我们发现，除了中央的动物各不相同以外，屏风中的树木、草等图案元素很多都有类似之处，显然是出自同一模版。就以羊木臈缬屏风来说，屏风上方树木的根部，和第 69 回正仓院展展出的另一座屏风——熊鹰臈缬屏风中树木的根部轮廓线十分接近。在天平胜宝八年（756）的正仓院文书中，也记载有"臈缬工十人，七人押臈纈，三人染絁”的记录，所谓“押（压）臈纈”，应该就是用固定的蜡版去制作图案的工作。

　　有固定版型的臈纈技法带给天平时代的日本匠人众多便利，因此才有了《国家珍宝账》上那六十扇臈纈屏风。但是，臈纈的技法却在其后的日本没有大规模流传开来，甚至出现了技术断绝，究其原因是和原料有关。

　　羊木臈纈屏风上用于染赤褐色的茜草，染织物的牢固性很好，但是它在中国主要的产地是西域。更重要的是防染剂蜜蜡，在正仓院中仍然保存有不少臈蜜（蜜蜡），在第 69 回正仓院展中也和臈纈屏风一起展出。正仓院藏的臈蜜做成圆盘形，表面有当时定型包裹麻布的痕迹，中有孔，可以串连起来。这批臈蜜生产于中国和东亚地区，其用途有很多，比如作为治疗

唐绿地团窠对山羊锦（摄于中国丝绸博物馆）

下痢的药物，作为染色的固色剂，作为织物印染的防染剂等。诸多的用途使正仓院中曾储藏有大量的蜜蜡备用。但是在遣唐使时代终结以后，日本就很难获取好的蜜蜡，臈缬的技法也因此难以为继。

除了臈缬，夹缬这种中国唐代常见的染色技法也出现在正仓院中。夹缬是用两块已经雕刻好纹样的对称夹板夹住织物，然后进行染色获得图案的方法。这种方法据说由唐玄宗柳婕妤的妹妹发明。但是早在隋朝，隋炀帝就制作过"五色夹缬花罗裙"。可见这种技法的诞生可能更早，只不过在唐代特别流行。正仓院中也有"山水夹缬屏风"等多件夹缬物，让我们能一窥这种技法流传日本后的盛况。

在今天，中国有些区域还流传着蓝印花布，这种因"板蓝根"而闻名的花布用的仍然是类似臈缬的技法，只不过它的防染剂是草木灰等碱剂。这种"灰缬"的技法也是历史悠久，明代的《姑苏志》称之为"药斑布"，是"以布抹灰药而染青，候干，去灰药则青白相间"。今天我们看到蓝印花布的时候，应该对古人的智慧致以敬意。

第五章

瓷与茶——东海上的瓷器之路

中国，被称为"瓷器之国"，在英文里，"China"的另一个意思就是瓷器。欧洲人在历史上，对中国的瓷器与茶叶需求与日俱增，无数商船往返于中西之间，创造了中国对外贸易的巨额顺差。但是，你可曾知道，在历史上，东亚国家对中国的瓷器和茶叶也曾痴迷一时！

第一节　为什么是长沙窑

　　唐代的瓷器，有"南青北白"的说法，南方越窑的青瓷器和北方邢窑的白瓷器各领风骚，占据半壁江山。然而，在开放的唐朝，有那么一款瓷器于对外贸易中独树一帜，成为行销世界的"爆款"，它并非"南青北白"中的任意一种，而是长沙窑。

　　在今天的日本，长沙窑瓷器的出土并不多，但是却能勾勒出一条长沙窑流传的路线。从西开始，首先是冲绳县，在先岛群岛出土有两件黄釉褐绿彩绘纹碗，然后是九州北部的福冈县，也就是原日本对外贸易机构大宰府的所在地，在县内的福冈市、大宰府市、筑紫野市等地都发掘出土有长沙窑的瓷片或器物。邻近福冈的佐贺县，也曾出土过长沙窑的罐、盘、杯等，今天这里则出产日本最著名的有田烧、伊万里烧等瓷器产品。最后是日本曾经的都城京都和奈良。京都市内下京东区的盐小路遗迹出土有长沙窑贴花纹壶一件，在京都

长沙窑青釉褐彩诗文执壶（中，摄于湖南省博物馆）

其他区域也有长沙窑瓷片出土。奈良市在 1974 年发掘药师寺遗址时出土有长沙窑黄釉褐彩贴花葡萄纹（亦可能为椰枣纹）壶一件。

如果将这一条从日本西南诸岛再到九州再到日本当时行政中心京都和奈良的传播线路向西跨越东海再延伸，可以连接起中晚唐时期中国主要的对日贸易港口 —— 明州。在明州和义门遗址 1973 年的发掘中，发现了大规模的唐代文化堆积层。和义门 —— 渔浦门遗址位于今天宁波和义路一线沿江一侧，为唐宋时期的罗城门，该区域在姚江西南岸，即为唐代明州迁址后的港口区所在。在该遗址的唐大中年间（847—859）的唐第一文化层中，即出土一批瓷器，包括越窑和长沙窑；唐元和年间（806—820）唐第二文化层也有出土长沙窑瓷器。这说明，从9世纪初期开始，长沙窑瓷器就从湘江流域转运到明州港口，然后运载上商人的船，扬帆远航，直达日本。

那么，为什么是长沙窑成了这个时期的"爆款"产品呢？

第一，得归功于长沙窑的创新意识。长沙窑瓷器是唐代中期以后瓷器艺术的一朵奇葩，它在技术上进行了大胆地改进和创新。长沙窑烧制高温铜红釉、乳浊白釉、绿釉和蓝釉，并且发明了釉下多彩，在中国瓷器史上是一款划时代的产品。长沙窑瓷器在烧制中，采用了测温工具——火照。长沙铜官窑是目前考古资料中发现的较早使用火照的龙窑窑址，长沙窑火照是一种半施釉并且打有孔的器皿，分为碗形、钵形、盒形，窑工可以把这一器皿放到炉中，适当的时候用长钩钩住孔将它钓出来，观察其成色判断炉火的温度。虽然长沙窑的火照采用整个器皿（后来许多窑址只使用"试片"），有占用空间、浪费材料的缺陷，但这种火照的运用却使窑工可以更精确地掌握炉温，大大提升了烧制成功率。在长沙窑石渚窑区遗址中，近年的考古发掘出一批出土火照，足见该技术的运用之广。提高了烧制成功率以外，还扩大生产规模，长沙窑的龙窑具有极大规模，可以满足大批量生产的需要。技术的提升和规模的扩大，使得长沙窑瓷器的成本降低。薄利多销使得长沙窑能在"南青北白"的局面中异军突起。

第二，长沙窑具有得天独厚的地理优势。长沙窑的主要窑址位于湘江岸边，在产品制作完毕以后，可以直接通过湘江码头水运进入长江，沿江下行可以抵达当时的南方货物集散地——扬州，并且进入运河水系或出海南下抵达主要贸易港口明州和广州，这为长沙窑瓷器主打"外贸"牌提供了极其便利的物流链。

第三，长沙窑瓷器具有独特的艺术风格，能满足各种"客户"的需求。长沙窑将铜作为着色剂，在瓷器烧制的过程中能够产生红、蓝等着色效果。长沙窑瓷器的青、黄、绿、褐、红等用色和唐三彩瓷器具有很大的相似度。以宁波和义门码头遗址出土的两件长沙窑为例，一件为执壶，釉色青黄，釉下彩绘，画有奔鹿的图案，鹿前脚踏于云朵之上。另一件为脉枕，青釉，伏兽形，枕表面施褐彩。这种特殊的审美极受曾经迷上唐三彩的日本人喜爱。唐三彩在日本有一个著名的"山寨品"，称为"奈良三彩"。在正仓院中就收藏有 50 多件三彩器，从技法来看，基本是奈良三彩。奈良三彩虽然是 8 世纪日本对唐三彩的模仿，却具有自己的风格。首先它不像众多的唐三彩瓷器一样施半釉，也就是说唐三彩器基本会在器物的底部或圈足部分露出胎体，而奈良三彩则基本会采

用全身釉，不会如唐三彩一样有淌釉的现象。奈良三彩的施

釉法也没有唐三彩那样自然流畅，有着浓重的人工味道，因为其釉料成分不纯，质地粗糙，纹饰手法也很单一。所以，奈良三彩是喜欢唐瓷器的日本人对唐三彩的一种并不十分成熟的模仿。奈良三彩的出现，凸显了日本对唐三彩审美的迷恋，而技术成熟的长沙窑，在主色调方面和唐三彩比较相似，又结合堆塑、捏塑、贴花等唐三彩亦有的装饰手法，显然能很快地打入日本市场。

唐三彩釉陶女立俑（陕西历史博物馆藏）

同时，长沙窑还是一种"佛系"瓷器。它的釉下彩技术能让器物上的铭文和图案得到更永久的保留。因此，长沙窑瓷器在装饰艺术上，首创将诗文书法作为瓷器装饰手法。湖南省博物馆藏有一件长沙窑青釉褐彩诗文执壶，就用褐彩在酒器的腹部写诗一首："春水春池满，春时春草生。春人饮春酒，春鸟弄春声。"类似的长沙窑器物在各地均有出土，而很多的长沙窑器物在选择铭文的时候，刻意采用了具有佛教禅宗元素的诗

唐神龙二年三彩釉陶盘（1960 年永泰公主墓出土，摄于杭州西湖博物馆）

文。如长沙窑瓷器上的"君生我未生，我生君已老。君恨我生迟，我恨君生早"这一首民谣诗，实为化用佛偈："身生智未生，智生身已老。身恨智生迟，智恨身生早。"而佛教中的佛塔、菩萨像、莲花等元素也往往会以贴花、堆塑等方式，出现在长沙窑的器皿上。这种浓厚的佛教韵味和文化气息，自然会让产品广受当时接受佛教文化的朝鲜半岛和日本的喜爱。

当然，作为一款国际"爆款"，长沙窑在当时的阿拉伯半岛、伊朗等地更受欢迎。长沙窑瓷器有不少定制款，在器物身上绘上椰枣林、几何图形等深受阿拉伯人喜爱的艺术元素，并在中国南方的广州等地装船西运。1998 年，在印度尼西亚海域发现了一艘沉船"黑石号"（Batu Hitam），这是一艘阿拉伯

唐代青花小碗（出土于松江唐代经幢遗址，上海历史博物馆藏）

式单桅帆船，船中保留有 67000 多件中国瓷器，其中长沙窑瓷器有 56000 多件，足见薄利多销的长沙窑多么受阿拉伯商人的欢迎。而伊朗的尸罗夫（Siraf）和波斯湾的霍尔木兹等兴盛一时的贸易港口，都可以发掘出大量的长沙窑，可以作为长沙窑远销阿拉伯世界的一个证明。

那么，哪一种瓷器在日本比长沙窑还要亮眼呢？我们再度回到中日交流的主要港口明州去寻找答案。在前述的宁波和义门港口遗址的发掘中，于唐代文化层和五代—北宋早期文化层中，出土最多的是越窑青瓷，长沙窑次之。1998 年，在宁波战船街电信大楼发掘出唐到清的六个文化层，在唐文化层中出土了大量的越窑青瓷瓷片。

相应地，在日本九州的福冈市，1987 年在平和台棒球场改建工程中发现了鸿胪馆遗址。该馆为九州大宰府的附属设施，其前身为大宰府的接待馆舍筑紫馆，平安时代开始仿效中国唐代接待外国宾客的鸿胪寺而更名，为 9—11 世纪中国来日商人交易、往来的官方接待场所。在该遗址中出土了大量中国瓷器遗存，其中越窑青瓷数量独占鳌头，在对该遗址的第三次和第六次调查中，都发现了大量越窑青瓷的残片。

所以，从考古发掘结果看，越窑青瓷在这一时期的对日贸易中占据了比长沙窑更重要的地位。这是各种因素综合产生的结果，青瓷之花因此得以走出越地，在东瀛彼岸开出硕果，今天的东京国立博物馆、京都国立博物馆、大阪市立东洋陶瓷美术馆等日本重要博物馆，几乎都收藏有数件越窑青瓷，足见越窑在当时的日本备受瞩目。

第二节　秘色诱惑

在日本平安时代的后期，即相当于中国宋朝中期的时候，在日本京都的贵族群体中，流行着对中国青瓷器的追求和爱好。

这应该是所谓的"唐物数奇"情结的一种集中表现。"唐物数奇"是指当时对中国产的各种商品的一种疯狂迷恋的热潮。中日之间通过中国商人的往来实现贸易沟通，中国商人带去的商品风靡平安时期的贵族社会，从延喜三年（903）开始，负责对外贸易的大宰府规定有"唐物先买权"，即在中国商船抵达以后，大宰府必须先奏报朝廷，由朝廷派员前来先行挑选购买，然后才允许其他官员和百姓购买交易。但一些有权势的贵族往往破坏这一规定，大宰府的官员也监守自盗，利用职权为自己谋上一份稀有的"唐物"。这从侧面衬托出当时日本对"Made in China"的热捧。

越窑青瓷在考古发掘的遗存中数量胜过"爆款"商品长沙窑，或许就和中唐以后中日贸易的形式有关。日本并不像同时

期的阿拉伯商人一样"主动出击",而是被动地接受中国商人带
来的有限货物,而收集购买
唐物的主要客户群体是朝廷
和贵族,他们的审美意趣和
需求决定了长沙窑这种"平
民用品"在日本的销量很可
能远不如高档用瓷越窑。

在当时的小说《宇津保
物语》中,记载了一个叫滋
野真菅的人,他用餐时,桌
子上摆放了一个"秘色青瓷
杯",滋野真菅在小说里的
设定是担任过大宰大式这一
肥差,在大宰府中是仅次于
大宰帅的次官。因此,他利

唐越窑青釉褐彩云纹带盖瓷薰炉(临安市文物保护管理所藏),吴越国主钱镠母水邱氏墓出土,器型硕大典雅,表面施青釉,色泽青黄。推测为水邱氏生前所使用,为越窑"秘色瓷"之最

用职权之便,占有一个所谓的秘色青瓷杯也是毫不奇怪的事。

但是,滋野真菅的秘色青瓷杯,真的是传说中的秘色瓷
吗?"九秋风露越窑开,夺得千峰翠色来。好向中宵盛沆瀣,
共嵇中散斗遗杯。"这首唐代诗人陆龟蒙的《秘色越器》诗,
让后人对秘色瓷有了很多的畅想。而直到1987年,陕西扶风法
门寺地宫中发现了一批有明确记载的唐代秘色瓷,才为我们研

究秘色瓷提供了一个可靠的蓝本。该地宫石室中发现的供奉帐碑记载说："（唐懿宗）恩赐……瓷秘色碗七口，内二口银棱，瓷秘色盘子、叠子共六枚。"这帐碑上记载的十三件瓷器用丝绸包裹，郑重地放置在漆木盒中，就是许多人梦寐以求的具有明确记载的秘色瓷。

这批可以作为蓝本的秘色瓷为我们提供了几个方面的材料，首先，以往认为秘色瓷的烧制时间应该是在五代吴越国时期，钱氏政权在越窑青瓷工艺的基础上加以创新发展，制造出了秘色瓷。而这一烧制于唐咸通年间的秘色瓷器能够将秘色瓷的烧制时间提前到 9 世纪中期。其次，以往对秘色瓷的描写，无论是"千峰翠色"，还是"捩翠融青"，都将它描绘成一种青色的瓷器，而法门寺出土的秘色瓷中，除了青绿色的瓷器以外，还有两件微微泛黄的青釉色瓷，同样是青瓷，也会有色阶的细微差别，青灰釉、米黄釉、粉青、梅子青、月白等都叫青瓷，而这两件微微泛黄的青釉色瓷也被归入到了秘色瓷的范畴中。最后，秘色瓷具有明显不同于一般青瓷的特征，其胎体均匀，胎质细腻，釉层薄匀温润，制作工艺极其精巧，可以说是越窑瓷器中的精品。

越窑青瓷是唐代瓷器艺术中的拳头产品，与邢窑并称"南青北白"。越窑青瓷的出现可以追溯到东汉晚期，这是浙东地区长期以来的制瓷文化所诞生的璀璨结晶。在商周时期，当中

越窑秘色瓷碗（陕西扶风法门寺地宫出土，摄于浙江省博物馆"青色流年——全国出土浙江纪年瓷特展"）

原盛行青铜文化时，缺乏铜原料的越地，以当地特有的瓷土为材料，仿效青铜器的形制，开始创烧陶器和原始瓷器。杭州博物馆藏有战国时期的原始瓷甬钟，即是模仿青铜礼器而成。

越窑青瓷在两晋南北朝时期进入发展期，越窑瓷器制作工艺已经由早期的泥条盘筑法转为拉坯成型，并且在这一时期技术达到了较高水平，同时这一时期大批出现的堆塑罐、瓷俑等明器表现出这一时期瓷器装饰手法的不断进步，捏塑、模印、压印、雕塑、透雕等技法在越窑瓷器的制作中广泛运用，为越窑瓷器带来了更生动的表现方式。瓷器也开始由礼仪用具向生活用具转变，香炉、虎子、砚台、烛台等瓷器门类出现，为越窑瓷器的进一步发展创造了广泛的空间。东晋的南迁，使大批的中原技术工人南下，推动了江南经济的发展，江南地区广泛分布的丘陵，也让烧制青瓷的龙窑如鱼得水。这种需要沿着下行的山体长长铺筑的窑炉出现在今天浙江众多的山区中。所以，越窑青瓷的发展是天时、地利、人和三者的合力。两晋南北朝时期的越窑青瓷生产主要在上虞的曹娥江两岸，特别是上浦、梁湖、驿亭等地，其后开始向慈溪转移。

而在唐代，经过了初唐时期的恢复后，越窑瓷器在晚唐五代走向了辉煌。这一时期最值得注意的就是从中唐开始，慈溪上林湖成为越窑生产的核心区域。2016 年，上林湖后司岙越窑青瓷窑址的考古发掘被列入全国十大考古发现，对该窑址的考古有助于我们厘清越窑秘色瓷研究中的诸多问题。在考古发掘中，该遗址出土了一批秘色瓷器，其工艺、特征和法门寺等地发现的秘色瓷相符合，且种类涵盖了碗、盘、碟、钵、盏、壶、枕、炉、盂、罐等不同器物，大大丰富了对秘色瓷的认识。最重要的是，在本次发掘中，我们对秘色瓷的制作工艺有了进一步的了解，这得益于发掘中整理出了一批匣钵。

匣钵是瓷器烧制过程中的一个重要的工具，它一般是采用耐火的材料制作，在瓷器烧制的时候，会把拉制成型的瓷坯放到匣钵里再放入窑中，能防止窑中的烟灰和窑渣在烧制过程中粘到瓷器表面，对瓷器的美观造成破坏，并且防止成品粘连，提高烧制的成功率。长沙窑在中晚唐时期就开始广泛使用匣钵，成为长沙窑稳定大批量输出的秘诀之一，而越窑也是在唐代时才开始使用匣钵。在后司岙遗址的窑炉西侧，发掘出一批具有年号标记的匣钵等瓷具堆积。其中，唐宣宗大中年间（847—860）的匣钵多为粗陶质，出现少量的瓷质匣钵。到唐懿宗咸通年间（860—874），瓷质匣钵逐渐增多，并且在唐僖宗中和年间（881—885）成为该窑址的主要用具。瓷质匣钵是烧制秘色瓷的重要工具，因为瓷质匣钵的胎体和要烧制的瓷器本身一致，匣钵之间用釉封口，便于在烧制冷却过程中产生强还原现象，促成了秘色瓷的诞生。因此，从考古发掘得知，秘色瓷在晚唐的中和年间达到了鼎盛，一直延续到五代中期。而到了五代，带有细砂的粗瓷匣钵开始取代原本的细瓷质匣钵。秘色瓷在昙花一现后转向衰落。

综合现在的关于越窑的考古发掘成果，我们看到越窑青瓷的生产核心，在漫长的历史过程中呈现出一种向南向东移动的趋势。在春秋时期，原始瓷刚诞生不久，越国在其核心区域会稽的西部生产印纹陶和原始瓷，今天的杭州萧山区南部进化镇茅湾里，就发掘出了早期印纹硬陶和原始瓷的窑址，可作为越国时期瓷器生产的佐证。而到了两晋南北朝时期，越窑的中心就向东向南转移到了上虞曹娥江两岸，到了唐代进一步向明州附近的上林湖转移。特别是匣钵这一对提升越窑青瓷的质量和成品率具有重大意义的发明，在中唐时期率先出现在宁波周边的诸窑，同时期的上虞龙浦窑并没有发现匣钵，生产技术已经

海客谈瀛洲——唐宋之际的中日交流

落后于上林湖，而这一迁移，恰恰和明州港在中唐以后崛起，瓷器外销开始繁荣几乎同步。特别是上林湖，其窑址通过水道和浙东的东横河连接，在此可以进入运河水系，北上可以至杭州湾出海，西进沿浙东运河可以抵达杭州，并进入京杭运河，东进就可以到达中日交流重要港口明州。而在1974年，考古工作者还在宁波外海的象山港发现初唐时期的越窑龙窑遗址两条，该遗址在距离出海口不远的黄避岙，足见在唐代，越窑在寻求外贸市场方面做出了积极努力。

回到我们前述的问题，《宇津保物语》中出现的秘色杯，真的可能是秘色瓷吗？

这得从秘色瓷的属性开始说起，在1971年，慈溪上林湖一带出土了一件唐朝光启三年（887）的墓志罐，在罐子上有墓志铭，铭文记载墓主"殡于当保贡窑之北"。这位墓主人葬在"贡窑"的北面，而这里说的"贡窑"，从位置来看，指的就是墓南的后司岙窑址，也就是秘色瓷生产的重要基地。同时，在后司岙的考古发掘中，也出土了具有"官"、"官样"字款的瓷器和"官"款的匣钵，可以和前面发现的"贡窑"的说法相印证。

而在地方志中，也有唐宋时期在上林湖"置官监窑"的记录。学者认为，墓志里所谓的"贡窑"并不是如南宋官窑一样专门生产上贡瓷器的窑址，唐末五代的官府出于自身需要，须

160

向上林湖这样的高品质窑场征收上等的瓷器，因此在这里设立监窑官，以政府需求的标准和样式来生产和订购瓷器。出土的"官"款瓷器和匣钵，就是官府监管窑场的证据。而这种监管并不意味着官府就不允许该窑场生产民间用瓷，考古发掘中我们也能找到不同品质的瓷器遗存，说明上林湖后司岙也是在烧制质量次一等的民用瓷，并没有被"官"完全垄断。

　　尽管生产秘色瓷的上林湖并非是官方垄断的官窑，但最好的秘色瓷器仍然是一种稀缺品，唐朝人有"陶成先得贡吾君"的说法，说明了秘色瓷的产品性质。因此在早期，也有研究者将"秘色"和"贡御"联系起来。特别是钱氏吴越国时期，秘色瓷除了吴越国官方使用以外，还大量进贡，秘色瓷在其最辉煌的时期，可以说基本是一种进奉之物了。虽然有部分"贡余"的产品，但和普通百姓可谓是无缘。考虑到秘色瓷繁盛的时期，中日贸易基本是以民间商人为中介，很难想象民间商人会带着如此贵重的秘色瓷冒漂洋过海的商业风险前往日本，我们有理由认为，《宇津保物语》中的"秘色杯"，其实只是一个普通的越窑青瓷杯。

　　越窑的秘色瓷对邻近地区的制瓷业产生了巨大影响，后来温州的瓯窑、处州的龙泉窑等，都受其影响，而继承越窑青瓷传统的龙泉窑也深受日本的喜爱。在东京国立博物馆，珍藏着一件名叫"马蝗绊"的茶碗，这是一件南宋时期龙泉窑的产

南宋龙泉窑"马蝗绊"茶碗（摄于浙江省博物馆）

品。根据江户时代伊藤东涯所著的《马蝗绊茶瓯记》记载：室町幕府的将军足利义政在持有这件珍贵瓷器的时候，曾经对瓷器底部的裂纹深感遗憾，于是将瓷碗送到中国，希望能获取一个一样的碗。但在中国明朝，龙泉窑已经式微，寻找不到这样的茶碗，只好让匠人在裂纹处用金属做了锔钉，这就成为一件非常著名的"残器"。而这件"马蝗绊"，最早是平清盛之子平重盛的珍爱之物，平重盛于安元年间（1175—1177）派人前往南宋寺院布施黄金，寺院高僧回赠此碗。值得一提的是，这只龙泉窑茶碗的工艺水平距离南宋皇室所使用的顶级龙泉窑产品仍有差距。说明即便在频繁的双方贸易和交流中，日本要获取一只一等水平的瓷器仍然是极难的。

当然，对越窑的喜爱还不仅仅是因为"唐物数奇"，唐代越窑的另一个大用途，赋予了越窑瓷器以独特的生命力，从而使越窑瓷器在日本有了更受欢迎的理由。

第三节 《茶经》和斗茶

在中国茶叶博物馆，珍藏着这样一组唐代的茶器。这一组茶器出土于河南洛阳，本是一组葬仪用的明器。但是，它却为我们研究问题提供了一条非常重要的线索 —— 究竟唐朝人是怎样喝茶的？

这组保存完好的茶器由三种器具组成，第一件器具是一个带茶釜的风炉。风炉上宽下窄，有圈足，侧面开有炉门，上覆茶釜。茶釜与风炉浑然一体，是一件非常便利的煮茶器具。第二件是一个带有碾轮的茶碾，碾槽长 8.3 厘米，碾轮中心穿孔，应该原附有轴。第三件是一对带托的花口茶盏，茶托呈花形，中心下凹，上有浅弧敞口茶盏一只。

唐代的"茶圣"陆羽留下了一本著名的《茶经》，根据《茶经》中记载的煮茶法，我们还原一下一个唐朝人该如何用这套白釉煮茶器做茶。首先，唐朝人喝的茶并不是今天流行的叶茶，而是团饼茶 —— 把茶叶蒸到软烂以后捣碎了，用模子压制成一个团饼，然后焙干，串起来保存。在饮用时，首先要把茶饼烤一烤，让它变软以后用纸包裹。然后冷却、敲碎、细细研磨，这个时候就需要用到那件茶碾了，茶饼会在碾轮下化为茶粉。然后点起风炉，把茶釜中的水煮到冒泡，用陆羽的话说就是泛出"蟹眼"一样的泡，就放入适当的盐调味（你没看错，唐代人喝茶加盐）。到第二沸，也就是陆羽所说的泛出"鱼眼"大小的泡时，用水瓢取出一瓢水来备用，同时用竹筴搅拌在水中形成旋涡，把茶粉沿着旋涡中心倒下去。到第三沸的时候，釜中的水"势若奔涛"，就把刚才取出冷却的那一瓢水倒回去止沸。止沸以后出来的沫浡，被唐人认为是精华，因此将止沸的举动称为"育华"。在"育华"后，把茶汤均匀分到每个茶盏里饮用。喝茶时，手持茶托，就不会被滚烫的水烫着。

但是，这套白釉茶器虽然完整，却不能得到"茶圣"陆羽的青睐。在陆羽的《茶经》中，曾以一个茶人的眼光把当时的瓷器分出了等级。他说：茶碗以越州窑为上品，其次是鼎州、婺州、岳州、寿州、洪州等处的窑。他针对当时"南青北白"的大势对比了北方的邢窑白瓷和南方的越窑青瓷。他认为，邢窑在几个方面不如越窑。首先是两者在外观和手感上的不同："若邢瓷类银，越瓷类玉"，"若邢瓷类雪，则越瓷类冰"。其次是茶汤在两种瓷器中的色泽表现不同，这是陆羽作为一个茶人最看重的一点，他认为邢窑色白，所以茶汤会呈现出红色，而越窑色青，茶汤呈现出绿色。其他窑口如寿州窑为黄色，则茶色发紫，洪州窑呈褐色，则茶色发黑，所以，陆羽认为最适合饮茶的还是越窑青瓷，其他瓷器"皆不宜茶"，所以他把越窑青瓷推举为茶器的首选。

除了陆羽以外，也有诸多的中唐以后的人对越窑茶器情有独钟，著名诗人孟郊就写过"蒙茗玉花尽，越瓯荷叶空"的句子，晚唐诗人郑谷又写过："箧重藏吴画，茶新换越瓯。"知名人士对越窑茶器的推崇让越窑随着茶文化的传播声名鹊起。

日本的茶来源于中国，最早抵达日本的茶和来华的僧人有着密切关系。日本人习惯上将茶种的携来归功于两位知名的高僧——最澄和空海。但茶的传来，似乎是和遣唐使有关，至少在嵯峨天皇在位期间（809—823），日本的一些佛寺中已经开始焙茗烹茶，并且在一些区域已经开始种植茶。在这样的氛围下，日本上流社会引进越窑青瓷也成为一种时尚的潮流，其后继承越窑风格的龙泉窑青瓷也受到了热捧。1975 年，韩国全罗南道新安郡海域发现了一艘元代的沉船，经过多年打捞发掘，证实该船为元朝至治三年（1323）从庆元港（宁波）开往日本博多进行贸易的海船。沉船中出土了20691 件陶瓷器，仅 7 件高丽青瓷和 2 件日本濑户窑釉陶，其余皆为中国陶瓷器，以龙泉窑青瓷器居多，约占 60%，达 12377 件。可以窥见龙泉窑在元代时期，仍有大数量的瓷器销售到日本。而平重盛、足利义政对"马蝗绊"的喜爱，也是顺理成章的事。

但是，在宋以后，茶界的一个新变化让茶器的偏好有了转变，那就是"斗茶"的兴起。

斗茶特别是在中国南方的福建等地十分流行。范仲淹有《和章岷从事斗茶歌》，开头就写道："年年春自东南来，建溪先暖冰微开。溪边奇茗冠天下，武夷仙人从古栽。"把斗茶的风俗和武夷山一带的名茶联系起来。那么，斗茶究竟是怎么斗的呢？范仲淹在诗中又写道："黄金碾畔绿尘飞，碧玉瓯中翠涛起。斗茶味兮轻醍醐，斗茶香兮薄兰芷。其间品第胡能欺，十目视而十手指。胜若登仙不可攀，输同降将无穷耻。"斗茶，比的是茶汤的色泽、味道、香气，赢家就好像登了仙榜一样得意，而输家就好像斗败的公鸡一样耻辱。这种带有半"赌博"性质的斗法很快变了味道，宋人随后开始追求茶汤冲点的技艺，宋人蔡襄的《茶录》说："视其面色鲜白，著盏无水痕为绝佳。建安斗试，以水痕先者为负，耐久者为胜。"他们认为，茶汤白者为上，泛青、泛黄、泛红都不行。在斗茶时采用点茶法，先把茶末放在杯底，加水打成膏状，然后再加入水用茶筅击打、拂动，直到泛出白色的泡沫，即所谓的"汤花"。如果茶碾末细腻，击拂技巧得当，汤花就会均匀细腻，而且久聚不散。如果谁的茶碗里的汤花先消失出现水痕，那就是输家。因此，在斗茶的过程中，就不能采用范仲淹诗里提到的"碧玉瓯"，而要采用陆羽认为"不宜茶"的黑釉盏。因为黑釉能更好地衬出茶汤的雪白汤花，从而让斗茶的胜负变得更易判别。福建建窑的黑盏因此取代越窑青瓷成为文人推崇的第一茶器。蔡襄作诗称赞说："兔毫紫瓯新，蟹眼青泉煮。雪冻作成花，云间未垂缕。愿尔池中波，去作人间雨。"生动诠释了用建窑茶器饮茶时的场景。而建窑在这一时期生产工艺得到很大的发展，"兔毫"、"曜变"、"油滴"、"鹧鸪"等品种以独特的审美情趣为斗茶增添了艺术之美。

　　而在日本，随着遣唐使派遣的终止，茶文化也出现了中断。茶只作为宫中的一种佛教礼仪用具而存在。到 12 世纪，临济宗僧人荣西渡宋，再度带回了宋代的饮茶法。茶因此和日本

唐白釉煮茶器一套（中国茶叶博物馆藏，摄于"钱塘觅珍——杭州市第一次全国可移动文物普查成果展"）

禅宗结下了不解之缘。荣西的《喫茶养生记》中，将茶描述为一种"药"，在很长一段时间里，寺院和武士都把茶当作解醉、助眠、助消化的良药使用。到了 14 世纪，也就是日本镰仓时代末期到室町时代初期，来自中国的"斗茶"习俗就开始在日本兴盛起来。

日本的斗茶有着独特规则，他们通过饮茶，来分辨茶是否"正宗"，水是否高品质。当时的日本，认为京都西北的栂尾所产的茶是"正宗"的茶，将之称呼为"本茶"，而非该地的茶就是"非茶"。驰名后世的宇治茶是到其后的日本战国时代才成为"本茶"。在室町时代蔚然成风的斗茶就是根据茶汤的色泽、口感、香味来分辨是否是"本茶"的一种活动。

但在引入斗茶时，日本也把中国斗茶的一些奢靡元素引入进来。特别是禅宗僧人将中国寺院中的茶宴和台子点茶法引进了日本，1259 年，日本临济宗僧人南浦绍明东渡，师从高僧虚堂智愚，他在南宋禅宗五山之首的径山寺的经历使他在 1267 年归国时将径山茶宴带回了日本，进一步推动了日本茶道的发展。日本斗茶在器具、布置等方面有一定的中国风，正是由此而来。

室町时期的茶事场所一般称为"书院"，根据《太平记》记载是由当时著名的大名佐佐木道誉设计的。但是，当时著名的文化侍从和艺术家能阿弥也应该在书院的设计中起到至关重要的作用。在书院中，首先会挂上"唐绘"，也就是来自中国装裱好的绘画作品，如果悬挂三幅唐绘，就要摆放香炉、花瓶、烛台等摆件。书院窗下会放置书桌，摆有文房。天目茶碗、香盒、水瓶、茶桶和食物盒放置在双层柜上。斗茶冲沏的方法就是沿用宋朝传来的台子点茶法，茶末加水后用茶筅击拂，这和后来的日本茶道有很大的不同。所谓的"书院"其实说的是禅宗僧人进修学习的场所，文房、香炉、烛台等摆设都具有浓厚的禅宗风格。

在斗茶的过程中，天目茶碗成为非常重要的道具。天目的名字通说是来源于入宋禅僧，他们在浙江的天目山修行，因此从那里带回了寺院中用于饮茶的黑盏，以天目命名。今天的研究表明，在 14 世纪，有相当一批日僧前往临济宗圣地浙江天目山求法，他们将天目茶碗和这一区域的禅茶文化一并带回了日本。在相当长一段时间里，"天目"的名字就和黑釉联系到一起，以至于有许多的中日瓷器学者认为，天目就是黑釉茶盏的代名词。

中国福建建窑的黑釉茶盏，以其独特的釉色，在 14 世纪初期开始传入日本后，就备受推崇。特别是建窑的曜变黑釉瓷，在斗茶过程中，注入茶汤以后，茶碗中的曜变效果能增添茶汤的艺术表现力，宛若星辰，因此广受日本人的追捧，被 16 世纪初期的足利将军家称为"建盏中的无上神品"。但是在 14—

16 世纪的日本文献中，建盏和天目是分开并称的两种器皿，将军家以建盏曜变为无上神品，其次为第二重宝油滴；再次为乌盏、鳖盏、玳皮盏；天目为最下品，"不是公方（将军家）御用之物"。当时认为的等级较高的灰被天目，产于今天福建省南平市的茶洋窑，而其他天目则不一而足，有白天目、黄天目、只天目等诸多种类，说明天目并非单指黑釉瓷。到了 16 世纪后，天目突然开始成为束口、深腹、高圈足的一类样式茶碗的统称，而釉色和产地五花八门，进而衍生出天目的各种"定冠词"。而建窑黑釉，当时并不在天目的范畴中，而是高于天目的特殊存在。到了战国时代，当日本茶圣千利休改革茶道，提倡"侘茶"，摒弃斗茶的浮华之风以后，建盏在日本的风头就大不如前了。于是在 19 世纪后，天目的定义进一步延伸，建窑、吉州窑等黑釉瓷以及之前的大批天目被括入天目家族中，从而作为天目的代表性作品而广为人知。

但日本考古界和茶道界对天目的认识仍有差别，茶道界认为天目指的是器形，而考古界认为天目就是黑釉瓷的代名词。天目的内涵在历史上经过复杂的演变而导致今人的认识出现了分歧，这是题外话。

言归正传，由于喜好奢华的足利将军家对黑釉茶碗，尤其是曜变、油滴等种类的推崇，日本也开始尝试仿烧黑釉瓷。日本随着茶的发展曾大量引进中国的龙泉青瓷和建窑黑瓷，这些先进的厚釉瓷器给日本生产者以很大的刺激和启发。到了元明时期，中国的饮茶方式进一步转变，特别是明朝初期，叶茶取代了传统的抹茶，在茶具上，青花和白瓷也取代了黑釉瓷器。建窑为代表的黑釉茶碗在中国威风不再，但保持了旧的茶俗的日本人，在失去来源后不得不"土法上马"，自行研制，因此，日本黑釉天目与中国黑釉天目的出现有一个明显的时间差。

在传统说法中，将日本仿烧黑釉茶碗归功于日本的"陶祖"加藤四郎左卫门景正。据说加藤四郎在贞应二年（1223）跟随僧人道元入宋，安贞二年（1228）归国。在中国期间，在明州天童寺等处游历学习，加藤四郎归国以后，就来到当时日本瓷器业最发达的区域濑户（今爱知县濑户市），将宋朝的瓷器施釉技法传播到此处，进一步创烧濑户烧瓷器。

但今人对加藤四郎的功绩甚至其人的存在与否都有疑问。事实上，从考古发掘证据看，日本最早创烧黑釉茶碗至少要在13世纪后期，而且其成品的品质极不稳定，而在中国，黑釉茶碗的主要制作区域也是僧人道元一行人未曾涉足的福建等地，因此，很难说是加藤四郎带回的中国技术革新了濑户窑的生产水平。

濑户烧在加藤四郎归国后的13世纪早期，仍然在使用日本传统的窑穴窑，这是一种技术相对落后的窑，采用掘土为穴的方法建窑，烧制日本早期的灰釉陶。相对于同时期的中国采用龙窑这样的大型地面窑，这种地下窑有非常多的缺点 —— 不能避免地下水的影响；无法增加投柴口、窑门等附属设施导致温度控制不易；经常发生窑顶坍塌等。这种 5 世纪从朝鲜半岛传播来的技术其实难以满足日本瓷器制造的需求，所以在这一时期，日本对中国瓷器热捧，很大程度上是因为自身生产能力的不足。

　　以用这种窑烧制的灰釉陶来说，灰釉陶本身是要仿制中国的青瓷，但是它的釉薄而稀，没有青瓷的那种质感。归根到底，一方面是因为烧制过程中没有匣钵，还原效果掌握不好，另一方面是烧制过程中缺乏氧化钾、氧化钠等成分，导致釉面不够厚。而在烧制灰釉陶的时候，偶尔器物会被氧化铁所影响，呈现黑色的斑纹，这给了当时日本工匠一定程度的启发，

京都宇治平等院中设立的宇治茶祖竹庵碑记

他们在濑户地区找到一种名叫"鬼石"的褐铁矿，氧化铁含量极高，从 13 世纪后期开始，他们试着在原本的窑穴窑中有目的地创烧天目，从最初的稚嫩一步步走向成熟。14 世纪中后期，濑户窑开始使用匣钵装烧，15 世纪中期开始，原本的窑穴窑进一步改进为大窑。到 16 世纪，日本工匠制作黑釉茶碗的技术已经非常成熟，填补了中国黑釉茶碗消失后的市场。

可以说，这是一次被"逼"出来的技术进步，见证了日本古代工匠对技艺孜孜不倦的追求。而在其后的明中后期，日本在侵朝后进一步引进了半岛的瓷器技术，在中国景德镇瓷器外销减少的情况下，进一步创烧了满足西方需求的外销瓷，在国际市场上大有后来者居上的态势，今天大英博物馆中藏的一对柿右卫门瓷象即是例证，此是后话不提。

第四节　琉璃光华

　　《源氏物语》的第五章《若紫》中，光源氏患了疟疾，于是到京都北山某寺院中去寻求高僧的诵经治疗，在那里，第一次遇见了紫姬。离开时，寺中的僧都奉送给光源氏"金刚子数珠一串，是圣德太子从百济取得的，装在一只也是百济来的中国式盒子里。……又奉赠种种药品，装在绀色琉璃瓶中，结着藤花枝和樱花枝"。这只绀色琉璃瓶表面看起来平平无奇，却是"与僧都身份相称的礼物"中的其中一件。

　　这件琉璃瓶究竟意味着什么？我们来看看作为日本珍宝库的正仓院收藏有多少琉璃器皿，除了一些小琉璃制品以外，大的琉璃器皿只有六件——白琉璃碗一件、白琉璃瓶一件、琉璃杯一件、琉璃壶一件、绿琉璃十二曲长杯一件、白琉璃高脚杯一件。而这些琉璃器皿，都显示出一种浓厚的中亚风，显然并非是日本本土的制品。

　　就拿那件白琉璃碗来说，这是中亚地区常见的器物，制作于波斯萨珊王朝时期（其下作"萨珊波斯"）。萨珊波斯是一个以祆教为国教的中亚强国，在唐高宗时期为阿拉伯帝国灭亡之前，一直和中国通过丝绸之路有着贸易往来。萨珊波斯的金银币就出现在唐长安。1970 年所发现的唐长安何家村遗宝中，就有不少萨珊波斯银币。萨珊波斯的艺术风格也深深影响着唐朝人，比如唐三彩和昭陵六骏中出现的三花马（将马后颈的鬃毛扎成三股）就是来自萨珊波斯。这件白琉璃碗通体透明，外部呈凸状龟甲纹，在中亚地区似乎是一种葡萄酒器，而在正仓院则是作为一种奉纳佛前的佛具使用。在日本东京国立博物馆中，还收藏一件从安闲天皇陵中出土的白琉璃碗和这一碗形制相似，可以说明至少在 6 世纪中期，这类琉璃碗已经传入日本，而这一时期正是萨珊波斯和中国交流密切的时期。

琉璃即玻璃，是一种易碎品。从中亚到日本，要经过一条漫长的道路，这批珍贵的琉璃器皿要经过丝绸之路的风沙，海上风浪的颠簸，最后在正仓院里被珍而重之地收藏至今，足见其珍贵。即便是在当时，中亚琉璃器也是日本最贵重的物品之一，《源氏物语》中的僧都一出手就是一个琉璃瓶，说明光源氏去的那座京都北山的寺院极不寻常。平安时代后期，京都北山延历寺成为一股让朝廷头疼的势力。延历寺与奈良的兴福寺并称"南都北岭"，名下土地无数，乃至豢养僧兵，干预政治。白河天皇曾诉说他的"三大不如意"：贺茂川之水（指京都经常泛滥成灾的贺茂川），双陆之赛（双陆为一种唐代传来的游戏，用于赌博）、山法师（指南都北岭寺院势力）。能够和威胁京都的洪水，扰乱治安的赌博并列，延历寺的势力的确令人侧目，这也是为什么北山的僧都能够拿出这样一件名贵之器赠送光源氏的原因。

正仓院还有一件绿琉璃十二曲长杯，在 2017 年的第 69 回正仓院展中展出，吸引了众多观众争相观看，因为这件晶莹剔透的绿琉璃器皿有着许多值得一说的东西。

绿琉璃十二曲长杯为正仓院藏的六件玻璃皿中的一件。正仓院的六件琉璃器皿中，只有两件是有明确的年份记载。白琉璃高脚杯在献纳进入正仓院时，附有木牌，上书"天平胜宝四年四月九日"，因此得知这是天平卢舍那大佛开眼供养仪式供奉用品。另一件绀色琉璃壶根据东大寺的记载是由平致经于治安元年（1021）奉纳。而其余的四件琉璃器，我们只能靠现有证据推测其来源和年份。

这件绿琉璃十二曲长杯呈长椭圆形，口沿部分呈十二段曲波纹，在杯身的曲面上，顺着曲面的线条刻有唐草纹，植物的枝蔓和曲面贴合，在杯中倒入酒水就宛如枝蔓托着酒一样。在杯的左右两侧还各雕刻有一只栩栩如生的兔子，呈奔跑状。这件长杯所呈现的翡翠般的绿色，根据测定是在制作过程中用铜做了发色剂。同时，杯子中的铅含量高，说明它是采用铅钡玻璃制造。

这些信息让研究器物的学者们困惑了好久，首先，这种十二曲长杯的形制是来自于萨珊波斯，通过丝绸之路传播到中国。陕西历史博物馆就藏有一只白玉忍冬纹八曲长杯，杯子呈八曲椭圆形，与这件十二曲长杯一样，八曲成莲花口，杯身沿着曲线饰唐草纹。它的形制仿照的是萨珊波斯，而忍冬唐草纹饰虽然也来自萨珊波斯，在这件器物上却具有大唐自己的审美风格。这种长曲杯的造型还一定程度上影响了瓷器，临安市文物保护管理所藏有一件唐白釉"官"款瓷海棠杯，也是十二曲长椭圆形，口沿曲面呈海棠形，这件珍贵的官用瓷器造型显然也受到了萨珊波斯风格的影响，这些说明这种"萨唐结合"的风格在唐代中国是有同款的。

其次，杯子是用铅玻璃制作，很可能是压制成形的。铅玻璃常见于中国琉璃器皿，萨珊波斯的琉璃器往往用的是钠钙玻璃，说明这很可能是一件"Made in China"的制品。

那么，这只杯子究竟是不是来自唐代中国呢？这还真不好说。因为虽然这种器皿的风格在同时期的唐代作品中有，但是这件是玻璃制作的。铅玻璃在压制成型以后需要经过冷却才能形成器皿，在冷却的过程中要保证器物不变形。在唐代的技术水平下，只能制作一些小器皿，这件长杯长达 22.5 厘米，短径 10.7 厘米，杯高 5 厘米，是一件很容易因制作不慎而废弃的大

器皿，工艺难度很高。而且，白玉忍冬纹八曲长杯长径是 10.1
厘米，短径是 5.5 厘米，而唐白釉"官"款瓷海棠杯长径是 16.1
厘米，短径 7.9 厘米，都小于正仓院的十二曲长杯。做这个大琉
璃杯，可比玉石上雕刻出一个长曲杯，或是用瓷工艺做个海棠杯
要麻烦。因此，在中国也基本没有唐代同时期类似的铅玻璃制
品出现。换句话说，这件十二曲长杯算得上是件孤品。

正仓院出现"孤品"并不稀奇，难的是这件流传无绪的器
皿究竟来自何方？奈良国立博物馆的研究者比对西方的器皿，
提出了一个新的猜想。

在意大利威尼斯的圣马可大教堂收藏着三件玻璃器皿，它
们都被后世再镶嵌上了金银的装饰。其中一件是镶嵌在金银制
高脚杯托里的琉璃杯，就是一件有着萨珊波斯风格的八曲长
杯，而另两件琉璃器——金银饰浮雕兔纹玻璃碗和金银饰浮
雕兔纹玻璃杯，在杯身上，都雕刻有线条简洁但生动活泼的兔
子，和正仓院的这只十二曲长杯上雕刻的兔子风格类似。

圣马可大教堂的收藏来自第四次十字军东征的战利品。在
这次东征中，作为地中海商业帝国的威尼斯提供了财力支持，
并且鼓动十字军将矛头转向东正教的拜占庭帝国，洗劫了帝国
的首都君士坦丁堡。这批玻璃器皿就是来自拜占庭帝国。西方
学者推测，这批玻璃器皿的制作时间大约是 9—10 世纪，是从
伊斯兰世界的阿拉伯半岛传到拜占庭的。

而近年来，在中东区域的许多遗址中，也开始发现部分铅玻璃制品，伊斯兰世界的玻璃制品中，也在使用铅玻璃，所以，铅玻璃并非是中国人的专利。而十二曲长杯上

辽乳钉纹玻璃盘（辽陈国公主墓出土，这件玻璃器皿上有 28 个四棱锥状的乳钉，同样的装饰在拜占庭帝国 10 世纪的玻璃器皿上很常见，见证了玻璃艺术在丝路上的传播）

的简单植物纹饰和兔子纹饰，与圣马可大教堂收藏的玻璃器皿一样，都是伊斯兰世界常见的器物纹饰。有没有这样一种可能性，这只十二曲长杯乃是从阿拉伯半岛飘到了中国，再从中国远飘到日本的呢？

我们还需要有更多的材料去证明这一猜想。但是，我们可以想象一下，13 世纪末，威尼斯人马可·波罗千里迢迢来到中国，那个时代的欧洲人对传说中的"黄金之国"日本充满了神往。如果他知道他的家乡和日本会因为一只琉璃杯结缘，不知道该有多么激动呢！

这也是笔者在写完瓷器以后，又想写一写琉璃器的原因。古代世界交流的广度和深度，很可能超乎我们的想象。

第六章

东汉永平十年（67），有西域高僧接受汉明帝的邀请，以白马驮着佛教经籍和佛像来到洛阳，次年，东汉朝廷建立了白马寺。这个"白马驮经"的故事被认为是佛教传入中国之始。在几百年的时间里，佛教和中国本土的信仰、文化不断结合，不断演化，逐渐融入中国，并进一步以这种变化的形式东传，经过朝鲜半岛到达日本。在这个过程中，有着无数有趣的历史片段。

佛教流传日本的几个侧面

第一节　虎溪桥的故事

　　日本作家渡边淳一的代表作《失乐园》中，提到了伊豆有一座古老的寺院，叫作修禅寺，这座寺院有一处名字颇为熟悉的景点 —— 虎溪桥，日本镰仓幕府的第二代将军源赖家，就是在桥边的箱汤遇刺身亡的，桥旁就留下了他的墓冢。源赖家是创立镰仓幕府的源赖朝的嫡子，由于源赖朝的遽逝，18 岁的

过溪亭

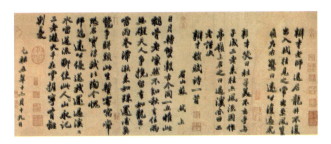

次辩才韵诗帖

源赖家继承了幕府，他年轻气盛，无法对抗源氏的外戚家族北条氏的步步侵夺，最终被北条家流放到伊豆，并被刺杀于修禅寺，这是题外话。我们要关心的是虎溪桥这个名字。

距离伊豆1800多公里的杭州，人们可能会对"虎溪"这个名字有独特的认识，这里曾流传着一个脍炙人口的故事，也有一处这个故事所依托的历史建筑。

杭州龙井有一处名叫过溪亭的老建筑，世传是杭州百姓为纪念苏东坡和辩才过虎溪的缘由而立的。而这个故事，是由苏东坡自己讲述的。苏东坡《书辩才韵诗帖》的开头如是写道：

辩才老师退居龙井，不复出入。轼往见之，常出至风篁岭。左右惊曰："远公复过虎溪矣。"辩才笑曰："杜子美不云乎：'与子成二老，来往亦风流。'"因作亭岭上，名之曰"过溪"，亦曰"二老"。

这个有趣的故事说：苏东坡去龙井探望隐居的辩才大师，两人一见如故，苏东坡走时辩才大师送行，辩才大师曾经定下规矩，送客最远不过虎溪，而这一次他和苏东坡聊得投契，一送送过了虎溪，左右的随从惊呼："远公又过虎溪了。"于是就在溪上建亭，名"过溪亭"，而因为杜甫有"与子成二老，来往亦风流"的句子，又名"二老亭"。

龙井山下的这条小溪，是否真的叫虎溪呢？其实，苏东坡化用了东晋时期的一个典故，典故名为"虎溪三笑"。南宋画

辩才送东坡过虎溪图

家李唐曾绘有《虎溪三笑图》，在《南宋院画录》中记载有这
一幅画的题跋：

> 余尝游匡山，至虎溪，未入东林寺，首见一亭
> 扁曰："三笑。"因问其故，谓："晋远师以陶渊明、
> 陆修静，且语且行，握手相忘，遂犯送客不过虎溪
> 之戒。乃相顾各掀髯而去。"观李唐此图，千载遗
> 风具存，人生不与路为仇，二三子何哂之有。绍兴
> 庚午季春十一日陈寿题。

所谓"虎溪三笑"，说的当然是另一个"三笑留情"的故
事，来自东晋名僧慧远的典故，东晋名僧慧远居住在庐山，自
己定了一条送客不过虎溪的规矩，有一天和陶渊明、陆修静两
人交谈，不知不觉送客过了虎溪，三人相视大笑，因此留下
了"虎溪三笑"的故事。而这条溪为什么叫"虎溪"呢？那是
因为下面这个离奇的传说，根据明代的《山堂肆考》卷二四的
记载："虎溪在九江府城南，晋僧慧远法师送客不过此溪，过
则虎辄鸣号，故名'虎溪'。后与陶渊明、陆修静语，道契合，
不觉过之，因大笑。"也就是说，慧远大师送客到了这条溪，就
能听见老虎咆哮，所以称呼为"虎溪"。

这个故事从唐末五代开始流传，到了宋朝，成为文人之间

流传的热门话题。所以，苏东坡才会有这样一则自我代入的故事。他把自己代入为陶渊明，以辩才大师比拟高僧慧远，而苏东坡的朋友画家李公麟，据说也画过《虎溪三笑图》。原因在于，这个故事有一种三教融合的意味，慧远大师当然是一个僧人，代表佛教，而陶渊明是一个隐士，代表儒家，陆修静则是道教上清派的宗师，代表道家，佛、儒、道三教融合，就在这三人相视大笑的场景中得到了体现。

但其后，明朝人方以智在其所著的《通雅》中对这个故事又做了不同解释：

> 虎溪三笑本不同时，白莲结社亦不必一日聚也。……王祎曰：晋义熙十二年丙辰，远公八十二卒。宋元徽五年丙辰，陆修静七十三卒。相去六十载。元嘉末陆来庐山，远、陶死二三十年，安得三笑？自长公作三笑图赞而山谷实之。……一曰佳话听之可。

慧远大师去世于晋义熙十二年（416），而陶渊明去世于427年，这两人勉强还可以说遇得上，陆修静要到南北朝的刘宋元徽五年（477）才去世，在宋文帝元嘉年间（424—453）的晚期才来到庐山，这个时候，慧远大师和陶渊明早去世了，怎么可能会有这三个人一起大笑的事发生呢？

即便如此，唐末以来各朝各代的文人雅士仍把这段"虎溪三笑"的故事当作跨越信仰、知己难求的典范反复宣扬。

伊豆的修禅寺是一座临济宗的寺院，开创于平安时代初期的大同二年（807），到了镰仓时代的建长年间（1250 年前后），从中国来的宋朝禅僧兰溪道隆居住在这里，看到这里的风景很像中国的庐山，因此将这里称呼为"肖庐山"。庐山、虎溪，两个关键词都出现在修禅寺，这显然并不是一种偶然。

无独有偶，在日本另一座著名的临济宗寺院中也有一处名为虎溪桥的景点。京都的金阁寺原名"鹿苑寺"，为日本室町幕府的第三代将军足利义满营造，作为自己出家后的"北山第"。鹿苑寺之所以有"金阁寺"的别名，是因为寺中有一处

金阁寺

标志性建筑，这座三层的建筑物是由金碧辉煌的金箔包裹而成，凌于水上，今天的金阁是在 1986—1987 年重建。虎溪桥这个地名也出现在这一座金阁寺中。

有趣的是，"虎溪三笑"中的高僧慧远并非临济宗，而是净土宗的开山祖师。在日本净土信仰虽然进入较晚，却是扩散极快、影响极大的佛教流派。净土信仰的广布首先是因为它契合了日本本土的"凶秽忌避"的观念。在日本神话中，传说伊邪那岐命在海水中清洗除秽，生成了天照大神、月读命神、须佐之男神等，是为统治世界的三神。这一神话代表了日本古老的"净秽"观，其后逐渐形成"避秽"的习俗，也就是接触人及六畜的生产或死亡等特定事件后，必须躲避在家实行"物忌"。这种"净秽"观和净土信仰的向往净土学说几乎是完美契合，于是形成了日本特有的阿弥陀净土信仰。在 9 世纪，一名叫源信的高僧将净秽观念和净土信仰进行结合，著述了一本《往生要集》，把佛教的罪业理论解释为"厌离秽土"，宣扬往生净土的信仰，这部著作从根本上带动净土信仰冲击日本人的心灵，是净土信仰和日本实际相结合的典范。

净土信仰的广泛传播还和日本镰仓时代的历史背景有关。镰仓时代是武士初登政治舞台的时代，政治动荡不安。镰仓幕府自身内部有不少你死我活甚至付诸武力的政治斗争，又和天皇朝廷发生了大规模内战，最后还遭到新兴的蒙古帝国的入侵，在动荡的社会条件中萌生了末世论，人们开始把希望寄托于来世，这给了净土信仰传播的土壤。

而净土信仰本身又有信仰方式简单的优点，日本净土宗的开山祖师法然（1133—1212）提倡"专修念佛"，他所著的《选择本愿念佛集》集中阐述了他的思想：称名念佛是"正行"，而除此之外的其他修行、持戒是"杂行"。称名念佛，就是要笃信阿弥陀佛的"本愿"并口称"南无阿弥陀佛"，无论老幼、男女、善恶、贫富，在死时皆能前往西方极乐世界。这种门槛极低的修行方式很快吸引了一大批人。净土信仰因此得以和日本本土已有的凶秽忌避的概念深入结合，形成了一个复杂的理论体系，进而其部分理论渗透入日本佛教的其他流派中。

因此，在临济宗的寺院里，出现净土宗开山祖师的故事，也并不足为奇，这是日本佛教在长期的变化发展中融合交流的结果。佛教从中国和朝鲜半岛传入日本后，生根发芽，有着无数有趣的侧面，以及供我们去探索历史的小细节。

第二节 佛寺的布局：从法隆寺说起

奈良的法隆寺是日本第一个世界文化遗产，1993年，其建筑和邻近法起寺的三重塔一并列入世界文化遗产名录，名为：法隆寺地域的佛教建筑物。法隆寺的西院伽蓝被认为是世界最古老的木造建筑群，建造时间根据今天的考古研究，大约在7世纪。法隆寺西院伽蓝的建筑布局极为不同寻常，一直以来都被许多来访的学者和游客所注目。

法隆寺西院伽蓝的"怪"，首先怪在门上。一般的日本寺院，门的柱子定是双数，比如同在奈良的东大寺，正门从正面看来是6根柱子，把门分割为5个空间，这样能确保中央有一个中门。而法隆寺的西院伽蓝中门，柱子有5根，从而把中门分割为4个空间，这样，就给人造成一种门当中有一根"碍眼"的柱子的感觉。进入门的人，也不得不被这一根柱子分流为左右两拨。

而进入西院伽蓝以后，看到的寺院布局就更为奇怪，在一

法隆寺圣灵院，供奉圣德太子

个四方的庭院构筑出的空间里，中央是左右并列的两个建筑，左边是金堂，右边是一座五重塔，而在金堂和五重塔的背后则是讲堂。这种独特的寺院布局，让见惯了以大殿为核心的寺院的我们，有一种见到奇迹的惊喜。

　　而在法隆寺邻近的区域，有一座比法隆寺更古老的寺院，名叫飞鸟寺，而在《日本书纪》中，其最初的名字称为"法兴寺"。这一寺院始建于崇峻天皇元年（588），当时日本刚经历一次"容佛"和"排佛"之争，最后，代表"容佛"的苏我氏击败了代表"排佛"的物部氏，从百济引进了佛教。当时，百济僧人带来了佛舍利，于是，日本在飞鸟的真神原一带，毁弃了原本的一座宅邸，两年后，他们开始入山伐木，建造寺院。到了推古天皇元年（593）正月，飞鸟寺正式将佛舍利"置于法兴寺刹柱础中",然后建刹柱。

所谓刹柱,就是我们今天看到的塔。根据今天的遗存和考古发掘情况,飞鸟寺它是一座比法隆寺更为奇怪的寺院,在四周回廊围成的一个方形的空间中,寺塔位于核心位置,也就是说,在寺院的中心矗立着一座五重塔,而在塔的左右两边,分别是东金堂和西金堂,供奉本尊飞鸟大佛(释迦如来像)的中金堂位于五重塔的后方。这种以寺塔为中心的格局在日本是早于法隆寺的寺院标准格局之一。

无独有偶,在大阪有一座四天王寺。四天王寺始建于推古天皇元年(593),是由著名的圣德太子主持,修筑于难波荒陵,是日本当时"兴隆三宝"的成果之一。在后世不断遭到天灾人祸,又不断重建。今天的四天王寺是1957—1963年间用钢筋混凝土建筑重现了飞鸟时期的建筑格局。其中心伽蓝的布局呈现一条中轴线,从南到北依次为中门、五重塔、金堂、讲堂,从中门仁王门的左右两端延伸出的围廊折而向北和讲堂左右连接,构成一个四合院格局将五重塔和金堂围在其中,从鸟瞰图来看,五重塔和金堂两者位于核心位置,只不过呈前后方式排列。这种特殊的寺院格局称为"四天王寺式伽蓝"。

法隆寺的伽蓝根据《日本书纪》的记载,在天智天皇九年(670)夏四月,"夜半之后,灾法隆寺,一屋无余,大雨雷震"。人们根据这一记载,认为法隆寺现在的西院伽蓝是在7

世纪后半期重建的，并非是圣德太子于推古十五年（607）所建立的原法隆寺。而另一批学者则坚持怀疑这一记载的真实性，认为法隆寺并没有经过重建。1939年，由石破茂作等考古学者在法隆寺西院伽蓝东南方向的若草伽蓝进行发掘考察，清楚了若草伽蓝的基本形制。若草伽蓝呈"四天王寺式伽蓝"格局，寺塔的基址在金堂的南面。有趣的是，法隆寺的金堂和寺塔东西并列，两者都坐北朝南。而若草伽蓝的布局，寺塔和金堂两者连接呈中轴线，向西北方向倾斜约23°5′43″至25°2′6″之间。关于若草伽蓝和法隆寺的关系，人们也一直在争论，有认为若草伽蓝和法隆寺是同时存在的两个寺院，也有认为若草伽蓝即为670年烧毁的原法隆寺，而西院伽蓝则是后来重建。2004年，若草伽蓝中轴线以西100米处再度发掘出了一批7世纪初期的壁画残片，有焚烧痕迹，被认为是若草伽蓝曾经遭受过火灾的证据，给了重建说进一步的证据支持。而学者们又对法隆寺的用材进行年轮年代测定，发现法隆寺的五重塔塔心柱的木材采伐年代大约为594年，学者认为，不排除是重建的时候采用了原有的材料。

目前，法隆寺的相关研究依然在继续，如果若草伽蓝是690年烧毁的法隆寺旧址，那么，当时人是如何考虑从若草伽蓝移址重建法隆寺西院伽蓝的呢？这还有待进一步的考古发掘和研究揭示答案。但不论怎样，我们可以注意一点：7世纪初期的若草伽蓝仍然用的是四天王寺式伽蓝布局，到了法隆寺西院伽蓝，金堂和五重塔开始了移行换位，由前后格局变成了左右格局。

从飞鸟寺到四天王寺，再到若草伽蓝和法隆寺，我们可以看到日本早期寺院格局的变迁过程中，其核心是塔的位置的变化。而这种变化背后，是日本佛教建筑由模仿中国转向探索自己特色的过程。

塔为核心的寺院格局，其实是佛教从印度诞生以来逐渐演化而成的。根据佛经的记载，佛陀在涅槃以后，弟子火化他的肉身，并为之建塔。《魏书·释老志》说："佛既谢世，香木焚尸。灵骨分碎，大小如粒，击之不坏，焚亦不焦，或有光明神验，胡言谓之'舍利'。弟子收奉，置之宝瓶，竭香花，致敬慕，建宫宇，谓为'塔'。塔亦胡言，犹宗庙也，故世称塔庙。于后百年，有王阿育，以神力分佛舍利，役诸鬼神，造八万四千塔，布于世界，皆同日而就。"由此可见，塔作为佛舍利的储存建筑，是当时佛教信仰的核心。在印度佛教中，随着信徒的增长，逐渐出现了塔庙，即以塔为中心，周围建筑环绕的礼拜道供信徒参拜。今天残留下来的印度阿育王时期的佛教塔庙遗址即说明了这一点。

而中国的佛教并非是从印度直接传入的，而是通过中亚的犍陀罗地区转而传入。犍陀罗位于今巴基斯坦和阿富汗的交界区域，这个区域可以称作"文明的十字路口"，曾先后归属波斯阿契美尼德王朝、亚历山大帝国、印度孔雀王朝、贵霜帝国等政权统治。因此希腊、印度、波斯等不同的信仰和艺术在这里交汇。印度阿育王在公元前 3 世纪将佛教传入这一区域，而到贵霜帝国统治时期，犍陀罗佛教达到极盛，在随后沿着西域丝路传入中国。

犍陀罗区域的佛教建筑格局的典型例子是塔赫特巴希，该遗址位于巴基斯坦西北边境，即当时犍陀罗的核心区域，该遗址的核心建筑是塔院和僧院。塔院位于中庭的南侧，以塔为核心，北面为入口，南、西、东三面布满佛龛，封闭成一个四方形的院子。从北面开口穿过中庭即是僧院，也呈方形，于南、西、北三面设置僧房 15 间，而东墙中央通向厨房。僧院的西侧有一处大的露天方院，推测为僧侣聚集修道的场所。这样的寺院格局是犍陀罗地区非常典型的寺院格局，该遗址 1980 年被列入世界遗产名录。

这种塔为中心的寺院格局传入中国以后，就为中国早期的佛教寺院所仿效。记载中的中国最古老的佛寺 —— 洛阳白马寺在初建时，即是以塔为核心，《魏书》记载："（白马寺）盛饰佛图，画迹甚妙，为四方式。凡宫塔制度，犹依天竺旧状而重构之，从一级至三、五、七、九。世人相承，谓之'浮图'，或云'佛图'。"所谓的"佛图"就是浮屠，也就是塔。对于当时的洛阳来说，寺院是以塔为计数单位的，所以《魏书》在其后说："晋世，洛中佛图有四十二所矣。"

北魏时期，《洛阳伽蓝记》详细记载了洛阳著名寺院永宁寺的规制，"中有九层浮图，架木为之，举高九十丈，有刹复高十丈，合去地一千尺……浮图北有佛殿一所，形如太极殿，中有丈八金像一躯……寺院墙皆施短椽，以瓦覆之，若今宫墙也。四面各开一门。南门楼三重，通三道，去地二十丈，形制似今端门"。从上述记载我们可以获得永宁寺这座当时洛阳第一大寺的基本信息：其主门在南，以塔为中心，供奉主佛像的金堂位于塔的北面。根据现在的考古发掘，永宁寺围墙为长方形，塔基位于围墙内的正中位置，而塔北有大型夯土台遗迹，应为《洛阳伽蓝记》中记载的正殿遗址。由此可见，永宁寺和日本早期的飞鸟寺属于同一布局的佛教建筑。

值得一提的是，佛塔这一建筑样式在传入中国以后，随着佛教的中国化，发生了很大的变化。传统的印度佛塔以半圆覆钵型为主，因其主要功用是收纳舍利和其他圣物，因此造型就好像一个钵倒扣在地上，印度的桑奇大佛塔就采用这样的造型。佛塔跟随佛教传入犍陀罗以后，贵霜帝国全盛时期的统治者迦腻色伽在争夺佛教话语权的过程中，对佛教建筑和艺术做了极大的改变，出现了高塔式的"雀离浮图"，覆钵上的上层建筑更高耸，也更为复杂。而佛教传入中国以后，与中国传统的神仙方术思想结合，将秦汉时期已有的木构高楼和佛塔的样式结合，从开始就演化成了楼阁型木塔。在唐时又演化为楼阁型的砖塔和砖石结构的密檐塔。拥有丰富林木资源的日本，在从中国和朝鲜半岛引进佛教的时候，也把楼阁型木塔带到了日本，这就是从飞鸟寺沿袭至今的日本五重塔。

　　为什么早期的佛教建筑会以塔为核心呢？佛教在印度诞生后，并没有立刻出现佛像。所以，储存佛舍利的塔就理所当然成为信徒顶礼膜拜的对象。而佛像的出现则是在犍陀罗地区，来自希腊的雕刻艺术逐渐和佛教信仰融合才出现了早期的佛像，并传入中国。因此，在日本的佛教建筑中，早期

奈良兴福寺东金堂与五重塔

也接受了这样的理念，形成了飞鸟寺这样的以塔为核心的建筑格局。

但是在实践的发展中，随着佛造像技术的进步，作为可见实体的佛造像表现出了比舍利更直观的信仰信息，因此更受到青睐。从飞鸟寺到四天王寺，再到法隆寺西院伽蓝，我们可以窥见当时日本佛教信仰核心的变迁。作为佛化身的佛造像和佛舍利究竟何者更为重要？可能是出于这一考虑，在法隆寺的西院伽蓝，终于把供奉佛舍利的五重塔和供奉佛金身的金堂摆在同等重要的位置，两者并列平行；相应，进入寺院的门也不得不采取中分的样式，同时通向金堂和五重塔。而再晚一些的唐招提寺，金堂终于取代五重塔成为寺院的核心建筑，人们在进入正门以后，首先纳入眼帘的是庄严肃穆的金堂建筑，五重塔则退居于侧位。法隆寺西院伽蓝可以说是日本佛教建筑在发展转折期的一个重要见证物。从这个意义上说，法隆寺也无愧于其日本第一个世界文化遗产的桂冠。

第三节　大佛开眼 —— 天平佛教狂热的背后

天平胜宝四年（752）四月九日，日本首都平城京的东大寺人声鼎沸，万人空巷。日本历史上一次著名的历史事件 —— 大佛开眼即发生在这一天。而这一座东大寺卢舍那大佛因这一事件名闻天下，成为天平时代佛教狂热的一个象征。

天平时代统治者圣武天皇（701—756）统治前期，日本处于政治斗争十分激烈的时代，在政治舞台上新崛起了藤原氏势力，他们是协助中大兄皇子发动乙巳之变立下功勋的中臣镰足的后人。中臣镰足的次子藤原不比等协助朝廷推动律令制改革，主持《大宝律令》的制订，同样也是功勋重臣。藤原氏为巩固自己的势力，正在筹划将藤原不比等的女儿光明子推上皇后的位置，但皇室势力却并不认为这是一个好主意。历来日本皇室实行内部通婚，尤其是皇后之位，素来由皇族内部的女子担当，一旦天皇崩逝，皇后有可能作为过渡人物登基代行天皇权，圣武天皇之前的元明天皇、元正天皇都是如此。一般认为，这一立后事件引发了藤原氏势力和皇族利益代表左大臣长屋王之间的激烈冲突。也有人认为，藤原家族的势力还不足以撼动长屋王，何况长屋王还娶了藤原不比等的女儿。而长屋王作为当时政坛炙手可热的人物，其更重要的政治对手其实是圣武天皇本人。神龟四年（727），藤原光明子为圣武天皇诞下太子，但太子在第二年就因病夭折，让皇位继承蒙上了阴影。到底是由藤原光明子的女儿阿倍内亲王（即后来的孝谦天皇）继承皇位，还是由圣武天皇另一妃县犬养广刀之子安积亲王继承？这一问题成为皇室争论的焦点。而长屋王也卷入其间，一度传言他欲让自己的儿子膳夫王将来入继大统。在皇位继承问题上受到威胁的圣武天皇因此不得不先发制人。

神龟六年（729年，是年八月改元天平）二月，漆部君足和中臣宫处东人两人向朝廷密告："长屋王在暗中习学左道之术，试图颠覆朝廷。"圣武天皇听信了这一密告，下令藤原宇合率领六卫府的军队包围了长屋王的宅邸，命令太政官一同纠问所谓的"长屋王谋反"一案，并且严厉斥责其"忍戻昏凶"。眼见大势已去，长屋王在宅中自尽，其夫人吉备内亲王以及儿子膳夫王、桑田王、葛木王、钓取王也自缢身亡。

在清除长屋王势力的同时，朝廷立刻将藤原光明子立为皇后，使藤原光明子成为第一任由人臣入为皇后的人。皇位继承问题在血腥政治斗争过后暂时尘埃落定。随后，天平九年

（737），奈良爆发了一场大规模的天花疫情，藤原氏的核心人物——藤原不比等的四个儿子同时感染了天花，在一年之内相继病亡。他们的后嗣也将藤原家族一分为四。长子藤原武智麻吕与次子藤原房前的宅邸南北相邻，因此宅邸在南的藤原武智麻吕的后人就称为藤原南家，而藤原房前的后人即为藤原北家。三子藤原宇合曾任式部卿，其后人就称为藤原式家。四子藤原麻吕的后人则因其任官左右京大夫而称为藤原京家。

这四人因天花去世后，朝政权力被圣武天皇交到了右大臣橘诸兄手中，同时，曾经入唐的僧人玄昉和吉备真备也深受天皇宠信。这引起了藤原氏的不满。天平十二年（740），藤原式家的藤原广嗣在大宰府发动叛乱，他上书直斥玄昉"内挟舐糠之心，外曜指鹿之威。佛法之贼，莫甚于此"；又指责吉备真备是"边鄙孺子，斗筲小人。游学海外，尤习长短，有智有勇，有辩有权。口论山甫之遗风，意慕赵高之权谋"。以"清君侧"的名义于九月起兵，朝廷立刻派兵镇压，到十二月，藤原广嗣和弟弟藤原纲手因叛乱罪被斩，叛乱平定。

"长屋王之变"和"藤原广嗣之乱"是天平时期激烈政治斗争的两大缩影，同时，天平时期天灾不断，除了那次剥夺大批生命的天花以外，水旱灾害频发，天平六年（734）还发生了大地震。在藤原广嗣之乱期间，为了把控核心区域，圣武天皇又在伊势、美浓、近江等地到处巡行，以防止近首都区域爆发呼应藤原广嗣的叛乱。持续的动乱和天灾人祸构成了天平时期的主旋律。

这一切，促成了圣武天皇和光明皇后转向虔诚的佛教信仰，其开始的标志就是天平十三年（741）诏建国分寺和国分尼寺。

国分寺和国分尼寺的设置，仿效的是唐朝武则天时期的一起著名的推广佛教事件。《旧唐书》卷六《则天皇后本纪》记载："（载初元年）有沙门十人伪撰《大云经》，表上之，盛言神皇受命之事。制颁于天下，令诸州各置大云寺，总度僧千人。"这起事件为武则天登上帝王位制造了充分的舆论，在随后九月九日，武则天就"革唐命，改国号为周"，正式成为历史上第一位女皇帝。大云寺的设立虽然是建立在伪造的所谓《大云经》的基础上，却为日本的国分寺提供了一个模板。圣武天皇依据《金光明最胜王经》下诏在诸国修建国分寺和国分尼寺，国分寺称"金光明四天王护国之寺"，国分尼寺称为"法华灭罪之寺"，以大和国的东大寺和法华寺为全国的总国分寺和总国分尼寺，构筑起了一个遍布全国的佛寺系统。如果武则天的目的是为登基创造舆论，那么圣武天皇和光明皇后的目的就是如《金光明最胜王经》所表达的那样——镇乱息灾，守护国家。

国分寺和国分尼寺的出现，不仅仅是对武则天的模仿，还是顺应当时日本佛教信仰扩张的结果。佛教在初传入日本后，仅仅是作为一个外来的宗教信仰而被对待。钦明天皇十三年（552），当时百济国圣明王将佛陀的铜像、幡盖和经卷传入日本。对于是否能信仰佛教，日本朝廷发生了一次争论，大臣物部尾舆和中臣镰子认为："我国家之王天下者，恒以天地社稷百八十神，春夏秋冬，祭拜为事，方今改拜蕃神，恐致国神之怒。"而大臣苏我稻目则认为："西蕃诸国一体礼之，丰秋日本岂独背也。"天皇最终决定："宜付情愿人稻目宿祢，试令礼拜。"苏我稻目就在家里供奉佛像，巧合的是，此后日本偏偏遭遇了一场自然灾害，反对佛教的一派立刻要求停止参拜，于是，此事就不了了之。反对佛教的一派认为，这一自然灾害是日本传统信仰中的神灵对引入佛教信仰严重不满而造成的。而到了圣武天皇统治时期及其后，神灵和佛教由对立开始走向融合。在律令制国家体系下，神祇官发放给各地神社的稻穗谷物，要求各地颁发给农民种植，然后农民以"奉纳初穗"的名义向国家交纳租税。也就是说，日本律令制国家的基础是建立在原本有的神祇信仰的基础上的，在这个基础上才有了掌握国家祭典的神祇官和掌握国家行政权的太政官两大体系的分立和合作。而正如《养老律令》的《仪制令》所规定的那样："凡春时祭田之日，集乡之老者一行乡饮酒礼使人知尊长养老之道。其酒肴等物。出公廨供。"乡饮酒礼并非是一种简单的祭典活动，《新唐书》卷四九下《百官志》中说："县令掌导风化，察冤滞，听狱讼。凡民田收授，县令给之。每岁季冬，行乡饮酒礼。籍帐、传驿、仓库、盗贼、堤道，虽有专官，皆通知。"关于"乡饮酒礼"的记载插在"民田收授"和"籍帐"中间，意味着这一礼仪其实在律令国家的基层体系中具有重要的作用，而且是和民田收授、籍帐等工作结合起来的。在日本，一年中最重要的祭典仪式掌握在乡村中的豪族阶层手中，他们充当神灵和信奉神的百姓之间的桥梁，也充当国、郡等上层行政机构与百姓之间的中介。他们拥有法律和神谕的解释权，而随着这些豪族势力和财富的增长，班田收授和租庸调制瓦解，原本的神祇信仰在制度层面也面临动摇，这个时候，由国家强力机关推广到全国的佛教信仰成为新的统治工具。

更何况大乘佛教有着这样一种理论：在家俗人并不需要如出家人一样苦修，通过施舍，奉养佛、法、僧即可获得救赎，也就是所谓的"奉养三宝"。这一理论迎合了在把持神祇信仰中不断自肥的地方豪族的赎罪需求，于是，神祇本身都开始"皈依三宝"，地方的神宫寺开始和佛教寺院结合，这是日本律令制国家崩溃时期在信仰和价值取向上的一大变化，我们把它称为"神佛习合"。

所以，国分寺和国分尼寺的设置，是日本朝廷为解决神祇系统开始转型，地方信仰开始崩解的一种尝试。同时，经历了统治前期大波折的圣武天皇，也亟需通过佛教信仰达到赎罪的目的。长屋王之变开启了日本朝廷中的"怨灵恐惧"，被诬告致死的长屋王在其后许久"冤魂不散"，而天平九年（737）的天花就被认为是长屋王的亡魂作祟。其后，天平十七年（745）僧人玄昉的遭贬和死于贬地筑紫，也被流传是藤原广嗣的怨恨所致。这种对政治失意者的恐惧弥漫于上流贵族中，使得他们迫切需要佛教的"法力"来镇护怨灵。

于是，除了广设佛寺以外，另一个庞大的工程提上了日程——修建一座前所未有的卢舍那大佛像。

卢舍那的名字来源于《华严经》，是 Vairocana 的音译，为东晋时期佛陀跋陀罗译《六十华严》时所译。唐代于阗实叉难陀译《八十华严》时译作"毗卢遮那"，密教称之为"大日如来"，是释迦牟尼的称号之一。卢舍那大佛的形象来自中亚地区。在佛教兴起于印度时，并没有佛像膜拜。在今天现存的印度桑奇大佛塔等早期佛教建筑中，只有少量的浮雕表现佛陀的身世（即所谓"本生故事"），对于佛陀，大多用菩提树、法轮、佛足迹等象征性的元素来表现，而其后流传到中国、日本、朝鲜半岛等东亚地区的佛像艺术，应该起源于中亚的犍陀罗或秣菟罗。犍陀罗曾先后归属波斯阿契美尼德王朝、马其顿的亚历山大帝国、印度孔雀王朝的统治。这一地域广泛吸收了波斯、希腊、印度文化。印度阿育王在公元前3世纪派遣使者将佛教传入该地区。公元1世纪，贵霜帝国兴起，控制了中亚和南亚次大陆北部地区，国王迦腻色迦（Kanishka）定都在犍陀罗地区的富楼沙（Purusapura），从而推动了犍陀罗佛教艺术的繁荣。在犍陀罗和秣菟罗就出现了以古代希腊的人物雕塑手法来表现佛陀的佛像雕刻艺术，大约在公元1世纪时，犍陀罗佛教艺术初步成熟，他们对人物的姿态、衣纹的处理都带有浓厚的希腊色彩。同时，为了区分佛陀和普通人物，雕刻者为佛陀形象添加了头光和肉髻。公元2世纪中期到3世纪前期，这一地区的佛像雕刻艺术已经走向成熟，并且沿着丝绸之路传入中国，从阿富汗的巴米扬，到中国西域的敦煌，再到洛阳的龙门，我们可以看到一条漫长的佛教艺术东传之路。

那么，圣武天皇为什么要修建卢舍那大佛像呢？根据记载，圣武天皇于天平十二年（740）二月的某一天，在今大阪一带的知识寺，看到了一尊卢舍那佛像，他被这尊佛像庄严肃穆的形象所打动，于是发愿建造一座能镇护国家的气势雄伟的大佛，其规模要不亚于唐朝的大佛像。然则提到卢舍那佛，很多人会立刻想到洛阳龙门石窟奉先寺的卢舍那主佛像。该佛像为唐高宗发愿建造，在工程的最后阶段，唐高宗的皇后武则天于咸亨三年（670）带头"助脂粉钱两万贯"，确保了工程完工。因此，洛阳的卢舍那大佛是打上了唐高宗和武则天烙印的一个重大工程。圣武天皇的修佛举动，是不是要效仿唐高宗和武则天呢？

事实上，在圣武天皇和皇后光明子统治期间，我们可以看到多次这样的"效仿"。从国分寺和国分尼寺的设置到卢舍那大佛的修筑，看得出来这对日本的天皇和皇后是在刻意追随唐高宗和武则天这一对中国的"天皇"和"天后"。特别是皇后光明子，是武则天的忠实粉丝，她和武则天有着类似的经历 —— 都是臣下之女成为皇后，成为皇后的时候都经历激烈的政治斗争，此后都曾遭遇叛乱。在此后，光明皇后还做过一次非常"武则天"的事。天平胜宝元年（749），已经退位的光明皇太后设立了一个皇太后的家政机关，称呼为"紫微中台"，"紫微"出自唐玄宗开元元年改尚书省为紫微省，而"中台"即出自唐高宗龙朔二年（662）改尚书省为中台。这个机关在此后获得了和太政官同样的权力，圣武天皇去世以后的天平宝字二年（758），紫微中台改为"坤宫官"，能直接奉诏敕向太政官下属的各省下达指令。而在这一机构的主导下，紫微内相（紫微中台最高长官）藤原仲麻吕在光明皇太后的支持下推动官职唐风化，将原来的太政大臣、左大臣、右大臣、内大臣分别改为大师、大傅、大保、内府，太政官改为乾政官，各省的名字也一一被改。这一举动，我们很容易联想到武则天在光宅元年（684）主导的那次大改名：改尚书省为文昌台，左右仆

射为左右相，六曹为天地四时六官，门下省为鸾台，中书省为
凤阁……

卢舍那大佛的修建，就是"武则天模仿秀"的巅峰之作。
对于资源匮乏的日本来说，并没有如巴米扬、敦煌、洛阳这样
开凿石窟寺的自然条件，于是，圣武天皇采取另一种豪气的做
法——建造铜铸大佛。在奈良时代，日本佛像的制作大多是
以金铜铸造或干漆（用木制作内芯，用麻布覆盖表面，最后混
以木屑的麦漆制作成型）为主，而在佛像的制作技术和艺术特
点上日渐成熟。早期的日本佛像，如法隆寺金堂的释迦三尊像
和百济观音，带有明显的中国南北朝时期的佛像风格，形容瘦
削，体态修长，面容清癯。而到了天平时代，随着唐风文化的
盛行，中国初唐的佛像风格传入日本，佛像造型更为丰满，体
态更丰韵，衣纹更流畅，这次铸造的东大寺大佛就是天平佛像
艺术的集大成之作。

铜铸佛像一般采用的是失蜡法铸造，也就是用熔化的金属
液倒入铸模中冷却成型的技法。而这一座卢舍那大佛在天平时
期初建时，依据《大佛殿碑文》记载推算，高达 1580 厘米。如
此庞大的佛像，显然不可能为之打造一个硕大的铸模。更何况
失蜡法需要制作内外两层铸模，内模用蜡制作，然后用泥土包
裹蜡模外层，加热后蜡熔化流出，就成为一个中空的铸模。这
样庞大的佛像，如果采用失蜡法，意味着需要天文数字级的蜜

蜡，这造价的昂贵是日本起倾国之力也无法完成的。而日本当时将整个大佛分成了八段铸造，推测是先塑好大佛的原形，然后将原形表面刮去一层作为金属液倒入的空间，原形就成为内模。用支钉支撑起外模和原形之间的空间，倒入熔化的金属液铸造成型。这种方法能攻克技术难关，但仍然无法彻底解决造价高昂的问题。正如圣武天皇于天平十五年（743）十月在近江国紫香乐宫发布的《大佛造立之诏》中所说：尽熔举国之铜，削平大山以造佛殿。天皇朝廷号召百姓为大佛的建造"贡献一枝草，搬运一把土"，实际上，由于铜产量的严重不足，大批的民间铜器被收集集中熔化，同时，为熔铸铜液的风炉提供木材，大片的森林被砍伐，建造卢舍那大佛对当时日本的经济来说是一次倾国的"奉献"，我们今天看到这一尊大佛，仍然无法想象在那个时代，日本的匠人、百姓付出了多大的努力才完成这样伟大的工程。

大佛的建造从天平十七年（745）举行"镇地祭"开始，到天平胜宝元年（749）铸造完工，整整花费了四年多的时间。天平胜宝四年（752）四月九日，举行了盛大的大佛开眼供养会，但推测在这个时候，大佛及佛殿尚有部分未完工。大佛开眼并未给日本带来镇护国家的效果，在其后的天平宝字元年（757）发生了橘奈良麻吕之乱，这起试图废立天皇的阴谋政变牵连了400多人。而在天平宝字八年（764）又发生了藤原仲麻吕之乱，激烈的政治斗争凸显了在大佛铸造中不断扩张的种种矛盾，最终在圣武天皇去世后集中爆发出来。

凝聚了天平时代佛教狂热的东大寺大佛在治承四年（1180）遭遇了第一次兵燹之灾，新崛起的平家武士政权由平重盛率领发起了"南都烧讨"，东大寺大佛殿被烧毁。僧人重源受命重兴伽蓝，于是开启了东大寺大佛和中国的第二段渊源。

重源是一位曾三度入宋的僧人，他曾在明州的阿育王寺参拜，并且主持从日本周防国运输木材到明州助修舍利塔。他和来自中国的工匠陈和卿合作，于寿永二年（1183）开始铸造，到文治元年（1185）完工开眼供养。在重修的过程中，重源和

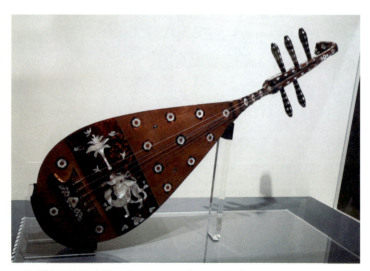

正仓院藏螺钿紫檀五弦琵琶复制品（摄于东京国立博物馆）

210

陈和卿还仿照中国宋代的江南建筑修建了东大寺的南大门，门内左右设金刚力士一对和石狮子一对。而这一对石狮子是来自明州的匠人伊行末所制，伊行末的后人扎根日本，成为日本石匠中著名的"伊派"。这一对石狮子根据现在的调查，很有可能采用了来自宁波一带的梅园石制作，而其雕刻手法、纹饰也都能在宁波遗存的南宋石刻中找到源流。陈和卿率领的工匠团队中，有众多的明州人，他本人亦有可能来自明州，他们建造的被称为天竺样的南大门也保留至今。

今天我们看到的东大寺大佛是经历了战国兵燹以后于江户年间重建，佛像的大小和大佛殿的规模都要小于天平初建和二次重建时期，大佛本体中，只有很少一部分是天平时期残留的遗物。但是，我们仍然能感受到大佛宏大的气势。天平时代，在佛教狂热的背景下兴起了一个文化繁盛的"唐风时代"，这一尊大佛，见证着中日文化交流的光辉瞬间。

第四节　鉴真东渡和阿育王信仰

清代同治十二年（1873），四川奉节县（今重庆市奉节县）修缮县城，在挖掘时，工人从地中掘出碑石一方，高 70 厘米，宽 68 厘米。碑铭共 11 行，行字数不等，楷书，全文如下：

> 维大隋仁寿二年，岁次壬戌，四月戊申朔八日乙卯，皇帝普为一切法界，幽显生灵，谨于信州金轮寺，奉安舍利，敬造灵塔。愿太祖武元皇帝，元相皇太后、皇帝、皇后、皇太子、诸王子孙等，并外郡官员及民庶，六道三途、人、非人等，生生世世，值佛闻法，众离苦因，同升仙界。大隋皇帝舍利宝塔下铭。

从碑铭可以得知，这一方碑石是原在夔州城南门一带的隋代金轮寺佛舍利塔的塔下铭。隋时，这里称信州，到清朝时寺已久废，舍利也在发掘时佚失，今仅存清代发掘的塔下铭及石佛像，存白帝城文管所。隋文帝笃信佛教，在仁寿年间曾三次下诏在全国兴建供养佛舍利的寺塔，第一次在仁寿元年（601），下诏于全国 31 个州起塔供养佛舍利，次年六月又一次下令在全国 53 州建塔分藏舍利，最后一次在仁寿四年（604），"前后建塔，百有余所"，信州金轮寺的佛舍利塔即为第二次下诏时所建。

从碑铭后清同治年间奉节知县吕辉的题跋中，我们可以得知这一方碑发掘出土的细节：

> 同治癸酉，监修夔城，十月六日掘土获石佛一，妙篆庄严。越日，复得石二方，纵横广二尺许，中底平凹，刻正书十一行。四边凸，宽寸余。周列小五铁钱七十二枚，上覆石，内贮铜方盒，嵌木，安放金瓶，凝松脂封固。匠氏误启之，泄赤水荧荧三粒如豆，飞去。剔碑谛视，乃隋仁寿年金轮寺舍利塔下铭也。

由此可知：在隋朝仁寿年间建造的舍利塔下，埋藏有石佛一尊，刻有塔铭的碑石实际是一方石函，中装铜方盒，盒中有金瓶，推测瓶子中即装有舍利。

隋文帝大规模修塔究竟是为了什么呢？这必须从佛教中的

阿育王信仰开始说起。

阿育王（Asoka，或译阿输伽王、无忧王），是印度孔雀王朝的第三任帝王。阿育王的前半生是在杀戮中度过的，他依靠血腥屠杀夺得皇位，其后疯狂扩张。特别是在征服羯陵迦（Kalinga）的过程中，阿育王大肆杀戮，将这个曾经富裕的王国变成了阿鼻地狱。但是，在阿育王统治后期，他突然宣布改宗佛教，以"圣法"统治国民。佛教经典中经常将阿育王前期的残暴和后期的忏悔极力夸大，将之归功于佛教的感化。阿育王当时统治着一个空前庞大的帝国，内部有民族矛盾、种姓矛盾、信仰矛盾，亟需通过佛教来缓和。因此，阿育王在全国造八万四千塔，收藏佛陀的舍利。传说中，将这一事件描述为"一日一夜，役使鬼神造四万八千塔"，并将阿育王塑造成为护持佛教的铁轮王（转轮王）的形象。

而隋文帝的修塔，显然也和他本人的经历有关。有认为隋文帝是为报答僧尼在年幼时对他的抚养之恩而修塔。其实，隋文帝的修塔还具有更重要的政治意图，他统治的前半期，北击突厥，南平陈国，完成统一天下的大业，为了刻意营造自己"转轮王"的形象，他通过模仿阿育王，广造舍利塔，以为大隋的统治寻找宗教上的理论依据。他甚至编造预言，宣称他将"护持我法，供养如来，……能令大隋国内一切众生信于佛法，种诸善根"。所以，造舍利塔是认为自己和阿育王有相似经历的隋文帝的一次政治行为，这件《隋信州金轮寺舍利塔下铭》是这一政治行为的见证物。

在当时的北方，修阿育王寺和阿育王塔已经成为一种常见的官方行为。《魏书》中记载，在北魏时期，"洛阳、彭城、姑臧、临淄皆有阿育王寺"，这些北方重要城市都有阿育王信仰的踪迹，而隋文帝是延续了南北朝以来的建寺造塔的传统。

而在隋文帝后，还有一位著名的效仿阿育王的君主，他就是五代吴越国主钱弘俶。后周世宗显德二年（955）和北宋乾德三年（965）吴越国两次开造八万四千塔，所谓"八万四千"当然是一个虚数，形容其多。类似藏有《宝箧印陀尼经》的钱弘俶所造塔，今天多有出土，最著名的就是杭州雷峰塔地宫出土的鎏金纯银阿育王塔。该塔呈方形，四面镂刻佛本生故事——萨埵太子舍身饲虎、尸毗王割肉贸鸽、快目王舍眼、月光王施首。但是，吴越国时期的造塔并不局限于官方层面，萧山博物馆藏有一件吴越时期的夏承厚制铜阿育王塔，和吴越官方制作的阿育王塔几乎是同一形制，但制作工艺水平并不亚于吴越国官方制作的铜塔，足见这一时期，阿育王信仰已经超越了传统的"转轮王"传说，进一步向民间扩展。

钱弘俶所造的四方型的单层塔，其原型在明州，明州地界上有一座古寺，名字就叫阿育王寺。根据现存的《大唐越州都督府鄮县阿育王寺常住田碑》记载，该寺始建于东晋义熙元年

（405），梁武帝普通三年（522）赐名阿育王寺，寺中藏有释迦牟尼真身舍利。在《唐大和上东征传》中曾记载了立志东渡日本的高僧鉴真所见到的该寺舍利塔：

> 其（阿）育王塔者，是佛灭度后一百年，时有铁轮王，名曰阿育王，役使鬼神，建八万四千塔之一也。其塔非金、非玉、非石、非土、非铜、非铁，紫乌色，刻缕非常；一面萨埵王子变，一面舍眼变，一面出脑变，一面救鸽变。上无露盘，中有悬钟，埋没地中，无能知者。

这里记载的阿育王塔形制，与我们今天发现的吴越时期的阿育王塔同出一辙。而在后梁贞明二年（916），吴越国王钱镠曾将此塔从明州迎接到杭州供奉，由此可见，吴越的阿育王塔乃是有所本的，其蓝本就是明州阿育王寺的舍利塔。

而明州和阿育王寺，与东渡日本的鉴真有着很深的渊源。

鉴真（688—763），俗姓淳于，扬州人，日本南山律宗开山祖师。唐朝开元二十一年（733），鉴真遇见了来唐学法的日本僧人荣睿、普照，两人邀请鉴真东渡日本传法，鉴真慨然答应，于是从天宝二年（743）开始，鉴真和他的弟子经历了六次东渡，在第六次终于成功，是时已经是天宝十二载（753），鉴真已经双目失明。日本天平宝字三年（759），日本朝廷为鉴真修建唐招提寺，天平宝字七年（763），鉴真圆寂于唐招提寺。他是中日交流史上一位重要的人物，也是一位有大智慧、大勇气的得道高僧，他六次渡海、矢志不渝的精神在中日两国人民中广泛传诵。

唐朝天宝二年（743）十二月，鉴真准备第三次东渡日本，在出海以后遭遇风浪，船只破损，被迫在明州外海的下屿山避难登陆，又试图从此地出发继续东渡，再度遭遇大风浪，"水米俱尽，饥渴三日"，直到有巡逻海岸的官员前来救援，申报明州地方官，被安置到明州处分，于是，鉴真一行人被送到了明州阿育王寺。在阿育王寺独处期间，天宝三载（744），越州龙兴寺的僧人邀请鉴真前往讲律授戒，其后有杭州、湖州、宣州的寺院相继前来邀请，鉴真就以阿育王寺为基地，一方面筹备继续东渡，一方面在江浙一带广宣佛法。

天宝九载（750），在第五次东渡中不幸遇见风浪飘到海南的鉴真派遣普照重回明州阿育王寺，做再一次东渡的筹备，到天宝十二载（753）终于搭载遣唐使的船只东渡成功，这一次，鉴真带去了明州鄮县的"阿育王塔样金铜塔一区"，从而为日本的阿育王信仰提供了一个重要的实物蓝本。

在鉴真去世后的天平宝字八年（764），日本发生了一起大规模战乱——藤原仲麻吕之乱，在战后，称德天皇（即孝谦女

海客谈瀛洲——唐宋之际的中日交流

皇，其第二次即位时称称德天皇）为镇护国家，追度怨灵，发愿"造百万塔"。因此，在神护景云年间（767—770），日本朝廷制作了大批的木结构的三重塔。这种塔并不同于鉴真带回的明州样式，采用圆形的三层结构，高约21厘米，底部直径约10厘米，塔身纳有《无垢净光大陀罗尼经》、《相轮陀罗尼》、《自（慈）心印陀罗尼》、《六度陀罗尼》四种陀罗尼经。这种"百万塔"被送到东大寺、法隆寺等各寺院保存，一些寺院还专门建有塔院供奉，是为日本仿效阿育王信仰造塔之始。

而曾经三度入宋并且在明州阿育王寺参拜的重源，也在他手下的明州工匠伊行末等人的协助下，开创了日本特有的三角五轮塔的样式。这种石塔从下到上依次是一个四方形的基座（地轮）、一个球体（水轮）、一个三角椎体的顶盖（火轮）、一个半球体（风轮）和一个宝珠形（空轮），这种五轮塔演变成后来的供奉遗骨的供养塔。虽然重源和明州工匠制作的塔和阿育王塔的形制不同，但理念很有可能受到了舍利塔的影响。

从"窣堵波"到三角五轮塔，牵起了一条从印度经过中国到日本的文化传播之路，文化在这一条道路上，并不是一成不变地传输，而是不断地被不同地方的人改变其表达方式，而这条道路上活跃的无数人，为这种传播和改变，付出了心血和努力。

第五节　空海和最澄 —— 密宗的传来

　　日本京都东郊的醍醐山，有一座古老而静谧的寺院，名叫醍醐寺。在这座醍醐寺中，保存着 69000 多件珍贵文物，其中，有一对绘制于 17 世纪江户时代的两界曼荼罗，绢本设色，经历三百多年风雨而色彩如新，今人看到这两幅曼荼罗上精美的绘画，仍然倍感震撼。

　　问题来了，什么是两界曼荼罗呢？

　　两界曼荼罗指的是胎藏界曼荼罗和金刚界曼荼罗，曼荼罗是一种图像，它表示的是以主尊佛为核心的，诸佛诸尊环绕配置的一种场景，在密宗佛教中，曼荼罗是一种非常重要的符号或标志。醍醐寺藏胎藏界（Garbha-dhatu）曼荼罗根据密宗的《大日经》绘制而成，中央为大日如来，周边八叶上列宝幢、普贤、开敷华王、文殊、无量寿、观自在、天鼓雷音、弥勒四佛四菩萨。围绕中台八叶院的是遍智院、持明院、金刚手院、莲华部院等护院，最外层为诸天力士的外金刚部院。金刚界曼荼罗的布局则有所不同，是根据密宗经典《金刚顶经》描绘，由九个曼荼罗组成，因此又称"金刚九会曼荼罗"。其中央为第一会"成身会"，大日如来居中，四周为东方阿閦如来、西方阿弥陀如来、南方宝生如来、北方不空成就如来，以五轮排列为十字，周边围绕四亲近菩萨。以"成身会"为核心周围纵横分为三等分，组成九会。

这种绘制繁复、色彩浓烈的曼荼罗画像，具有浓厚的印度传来的风格，显然并不是日本土生土长的信仰。这，必须从密宗的传来说起了！

密宗是佛教中的一个吸收了印度婆罗门教部分内容和形式的宗派，这一派的特点是以密法奥秘，不经灌顶（灌顶是密宗的一种传授仪式，金胎两界传法灌顶就是由身处导师地位的"阿阇梨"将水浇注在接受仪式者的头上，代表传承法门、修行完结之意）不经传授不得任意传习，因此称为密宗。密宗的修行方式是建立三密瑜伽，即按照一定的仪轨，结坛、设供、身结手印、口诵真言等，以求"将自己的身、口、意三业，转成佛的身、口、意三密"。

醍醐寺所藏的曼荼罗的样式，其实在传入中国以后不到百年，就传到了日本，而这一流传，必须归功于日本的弘法大师空海。

唐朝开元年间（713—741），印度僧人善无畏和金刚智分别将胎藏界密法和金刚界密法传入中国，其后，僧人不空（《宋高僧传》称之为"北天竺婆罗门族"，一说他是来自西域的归化印度人）传继了金刚智的密法，并且一度远游到狮子国（今斯里兰卡），周游印度，带回诸多梵本经文。不空因此和善无畏、金刚智并称为"开元三大士"。在他们之后，就有一位集大成的人物诞生 —— 长安青龙寺高僧智果，跟随不空接受金刚界密法，又跟随善无畏的弟子玄超接受胎藏界密法，因此能将金刚、胎藏两界融会，创立"金胎不二"。惠果因此吸引了众多的僧人来到长安青龙寺求法学习，其中就包括跟随延历二十三年（804）以藤原葛野麿为正使的遣唐使来华的日本留学僧空海。空海悟性高强，他在短时间内就传承胎藏界灌顶和金刚界灌顶，惠果对空海极为看重，将自己保存的佛舍利、白檀诸尊佛龛像、碧琉璃供养碗等诸多器物交给空海继承，从而空海成为惠果的衣钵传人，回到日本后，空海创立了真言密宗，被日本尊称为"弘法大师"。

前面提到的醍醐寺，其创立者为奈良时代的僧人圣宝，圣宝拜东大寺的真雅阿阇梨为师，因此是弘法大师空海的再传弟子。日本贞观十六年（874）创立了醍醐寺，醍醐寺成为日本真言宗醍醐派的本山，在日本由于其和幕府政权的特殊关系，具有很大的影响力，而醍醐寺的两界曼荼罗，传绘自其五重塔第一层内部的壁画，这一曼荼罗采用的日本平安前期佛教艺术风格继承自中国唐代佛教绘画，与空海自唐朝带回的曼荼罗风格一脉相承，在其后不断被临摹。

空海求学是在日本桓武天皇延历年间（782—806），这位日本历史上著名的天皇在登基以后做出的第一个重要的举措就是迁都——将都城迁离奈良一带的平城京。延历四年（785），天皇将都城迁移到了平城京以北的长冈，在其后的延历十三年（794），由于"怨灵作祟"，长冈京又被废弃，都城再度迁移到了今天的京都，也就是平安京，标志着日本平安时代的开始。

桓武天皇迁都的原因众说纷纭，其中一个很重要的原因是南都寺院的势力过于庞大，对天皇朝廷产生了不利的影响。在佛教传入日本后，日本一度对佛教势力进行严格的管制。比如藤原不比等制订的《养老律令》中，专辟一节《僧尼令》，对僧尼的行为、活动、戒律进行了详细而又严格的规定，基本是把佛教相关的宗教活动严格限制在寺院范围内，并防止佛寺有任何的世俗特权。对剃度的僧尼也有严格规定，严禁私度为僧尼，甚至知情者隐匿不报也要同罪处分，但随着律令的崩溃，这些严格的法律制度基本无法执行，特别是圣武天皇、光明皇后、孝谦天皇等多代统治者以国家力量推广佛教，大大助长了佛教势力。奈良时代传入日本的南都六宗（律宗、华严宗、成实宗、法相宗、三论宗、俱舍宗），它们所在的唐昭提寺、东大寺、元兴寺等寺院势力庞大，僧侣众多，田宅广阔，而各地也有为逃避税收而遁入空门者，也有向寺院寄进田地者，也有寺院发放高利贷者。针对这些流弊，桓武天皇发布命令，禁止私自新建寺院，禁止随意度人为僧，禁止私人向寺院贡献宅地田园，更禁止寺院向贫穷百姓发放高利贷。这些法令当然不足以从根本上解决问题，于是，桓武天皇一方面谋求迁都，远离佛教势力庞大的奈良，另一方面决定扶持新兴的佛教宗派来对抗南都六宗。

延历二十三年（804）赴唐的遣唐使，带去了两位优秀的入唐僧，他们在归国以后，都开创了全新的佛教宗派。其中一位就是开创真言密宗的空海，另一位则是比空海早一年归国的最澄，开创了日本天台宗。

最澄俗名三津首广野，出生于近江国滋贺郡，他在年仅 12 岁时，就进入近江的国分寺拜僧人为师，14 岁剃度，到 17 岁取得度牒成为一名正式的僧侣。延历二十年（801），已经深受桓武天皇赏识的最澄就被招为"还学生"（短期留学生）选为遣唐使。延历二十三年（804）最澄出发赴唐，同年抵达明州，他立刻前往浙江天台山，拜在天台宗高僧道邃和行满两人门下学习天台宗，又师从翛然学禅，追随顺晓习密宗，经数月以后自认略有所成，随同这一次遣唐使团于延历二十四年（805）归国。

回国后的最澄成为桓武天皇支持下的一位佛教斗士。延历二十五年（806）正月，最澄上表请开天台宗，正式创立了日本天台宗。他在京都以北的比叡山建起了一座寺院，并获得了以年号命名的荣耀，这就是日本佛教中有名的天台宗总本山——延历寺。其后，他就举起了对抗南都六宗的大旗，他与法相宗的僧人德一以笔为刀，以文作枪，展开了一场"三一权实之争"。

所谓"三一"是指大乘佛教理论中的"三乘"与"一乘"，大乘佛教将"声闻乘"、"缘觉乘"和"菩萨乘"称为"三乘"，简单地说，"声闻乘"就是闻如来的言教而悟佛教的最基本的四谛（苦、集、灭、道）真义；"缘觉乘"则是通过修行而自觉开悟，领会十二因缘之理，大乘佛教认为这两者都属于小乘，无法获得无上佛果。而真正能成佛的必须达到"菩萨乘"的境界，也就是不但要实现自己的开悟，还必须普度众生，帮助别人开悟。法相宗是中国唐朝初年的玄奘入印度求法返回后所创立的宗派，在南都六宗中是势力最盛的宗派之一。法相宗根据"三乘"之说，把众生分为声闻定性、缘觉定性、菩萨定性、无性和不定性，认为他们各有不同的素质。而天台宗所信奉的《法华经》则提出了"一乘说"，认为世间众生都可成佛，因为佛法高深难懂，所以它把"声闻乘"和"缘觉乘"看作是佛为不同的理解层次的人开设的"方便"（也就是"权"，"方便"在佛教用语中的意思就是手段，接近的途径、方式），最终只有一种"佛乘"。天台宗反对法相宗"五性各别"的说法，认为众生平等，所以，他们才是"真实之教"，而信奉三乘五性各不相同宗派则是"方便之教"。

争论最早从德一发难开始，他写就了一本《佛性抄》，质疑《法华经》的正统性，并站在法相宗的角度批驳一乘论，最澄立刻提笔应战，他著了《照权实镜》对德一的论点进行反驳。德一又以《中边义境》、《慧日羽足》两文回击，最澄再以《决权实论》、《守护国界章》应对。战到酣时，双方甚至从单纯的佛学之争上升到人身攻击，德一指斥对手是"凡人臆说"、"愚夫"，而最澄则举唇反讥，称德一是"麤食者"（吃粗鄙食物的家伙）、"谤法者"（毁谤佛法的家伙）和"北辕者"（南辕北辙的家伙）。

和南都六宗激烈对战的最澄迫切需要同盟军，于是，同为渡唐僧人的空海就成为最澄结盟的对象。同时，空海的密宗在信仰方式上具有极大的优势，取得了不俗的成就。

密宗本身的特点是将印度婆罗门教中部分神灵佛教化，比如密教中的大黑天（麻曷葛剌），本就是婆罗门教的神，被密教吸收为护法神。同时密教的修行方式十分重视咒语，恰好能和日本本土的神道信仰结合起来，满足了日本佛教当时"神佛习合"的发展趋势。密宗迅速地获得了国家机器的支持，弘仁七年（816），朝廷同意将高野山山下赐给空海建立道场，弘仁十四年（823），朝廷又决定将位于京都朱雀大街南端罗生门东侧的东寺（通称"教王护国寺"）下赐给空海，作为真言密宗的道场。

密宗的发展让当时日本的各佛教宗派都重视起来，而最澄创立的天台宗是最早试图将密宗导入到自身信仰体系中的日本佛教宗派。最澄在寻求和空海结盟的过程中，就派自己最得意的门生泰范前往空海门下学习密宗。最澄虽然在唐接触过密宗，但是浅尝辄止，学习的是早期的杂部密教，不能和空海这样的获得金刚、胎藏两界灌顶的密宗集大成者相比拟。但泰范在此后却破出师门转投空海门下，引发了最澄和空海两大佛门高僧的决裂。

天台宗在最澄去世以后，仍然多次派遣僧人前往唐朝，追求将密宗学说导入本门中。最澄的弟子、《入唐求法巡礼行记》的作者圆仁于承和五年（838）前往中国，他在唐期间，来到空海曾经学习过的长安青龙寺，师从惠果的弟子义真。他自述说："于义真座主所十五日，受胎藏法。"获得了胎藏界密宗真传的圆仁回国以后，对日本天台宗吸收密教思想起到积极的推动作用。

而另一位最澄的弟子惠萼也在其后三次入唐求法。惠萼又作慧锷、慧谔、慧萼，会昌二年（842），惠萼完成了第一次入唐求法，搭乘明州商人李邻德的船只回日本。847年，惠萼又一次入唐求法，从明州乘商人张支信的船只回日本。咸通三年（862），惠萼第三次来华求法，又一次搭乘张支信的船只在明州登陆，同行的还有著名的真如法亲王等人一行。惠萼的入唐，带回了大量的密教典籍，进一步为天台宗提供了"理论武器"。

"入唐八家"之一的圆珍于大中七年（853），乘唐商人钦良晖的船只入唐，辗转天台山国清寺、福建开元寺等寺庙学习佛法。他在长安青龙寺跟随惠果的弟子法诠学习密宗，并且带回了曼荼罗等法器。唐大中十二年（858），圆珍搭乘唐商人李延孝的船只从明州出发，学成回国，带回了大量的经卷佛典。

多次如饥似渴地学习，让密宗最终渗透入日本天台宗中。日本从此形成了天台密宗（台密）和空海创立的真言密宗（东密）分庭抗礼的局面。而原本的南都六宗都不得不顺应时势，吸取密宗的部分教义。早在弘仁十三年（822），朝廷就决定允许空海在东大寺设立真言密宗的灌顶道场真言院，平城上皇亲自前来听法，并接受了灌顶。这标志着密宗渗透入了奈良佛教体系，在其后的岁月中，适应日本本土信仰的密宗不断扩张，最终在日本佛教中扎根，成为日本佛教中极其重要的元素。如天台密宗的延历寺、空海传人创办的醍醐寺等大寺院也得到了统治阶层不断的支持，在日本政治生活中扮演着重要角色。

后　记

　　承蒙恩师卢向前先生的推荐，得主编余太山老师邀约，我得以忝列这套《丝瓷之路博览丛书》的作者之一。当太山先生询问我选题时，我第一时间想到在硕士毕业时做过的9—11世纪中日交流的题目，于是将本书主题定为唐宋之际的中日交流。

　　接下这个题目以后，却迟迟没有下笔，一方面是因为俗务诸多，另一方面，再读硕士毕业时的旧文，觉得当时在许多方面考虑欠妥，论证不充分，难以缀为一部好的普及文章。恩师卢先生也说："普及性的读物，和写创新性的学术论文是不一样的，特别是要求深入浅出这一点，难。"要写好这一本书，首先自己必须再深入学习，所以在这两年中，每每想到一点或学到一点，就写下一点，陆续积累，才写完这一本书。

　　在中日交流这一方面，日本方面有木宫泰彦先生的《日中文化交流史》、藤家礼之助先生的《日中交流两千年》、池田温先生的《唐与日本》和《东亚细亚文化交流史》等专门著作珠玉在前，同时砺波护、吉村苣子、田村昭、酒寄雅志、堀敏一、日野开三郎等日本史学家都有相关的论文或著作。关于遣唐使研究，近年来有王勇先生主编的《东亚坐标中的遣唐使研究》，另有古濑奈津子《遣唐使眼里的中国》、池步洲先生的《日本遣唐使简史》、姚嶂剑先生的《遣唐使》等著作。关于明州在唐宋中日关系上的地位变迁及发展关系问题，有林文明、施存龙、李英魁、虞浩旭及宁波大学王慕民、李小红、张伟诸先生的论著可供参考。在日本正仓院文物方面，有奈良国立博物馆的吉泽悟、松本包夫、尾形充彦诸先生的研究成果。同时，明治时期的《正仓院御物图录》提供了详细的资料。国内早年间也有傅芸子先生的《正仓院考古记》。瓷器方面，有徐定宝先生的《越窑青瓷文化史》、熊海堂先生《东亚窑业技术发展与交流史研究》等著作，同时近年来的考古发掘成果，如法隆寺若草伽蓝发掘报告等，也为这一时期提供了丰富的研究信息。

　　在阅读了众多文献以后，我突然有一个想法，能不能结合自己博物馆工作的实际，在写作过程中利用一些文物来说明历史呢？有了这个想法以后，我就开始了逛展览的过程，两年来，先后在上海博物馆、浙江省博物馆、中国丝绸博物馆等众多博物馆寻找并参观相关的展览，同时还飞到奈良参观了第69回正仓院展。这些珍贵的经历为我写作这一本普及读物提供了非常多的灵感和材料。

　　太山老师对我们的要求是行文清晰明白，不堆砌史料，不出注解，能尽可能消化已有研究成果，紧扣主题。我不知道我能不能达到太山老师的要求，在写作中，也常常发现写作普及读物是一件十分难的事，因为要向读者说明"一滴水"，首先自己必须有着"一桶水"。

　　书写完了，读者是否满意只能交给读者来评判，回首两年的写作过程，其实也是自己不断学习的过程，因此，我非常感谢恩师卢先生和主编余太山和李锦绣两位老师给予的这次难得的机会。同时，对写作过程中为我提供资料和帮助的杭州博物馆、中国茶叶博物馆、南宋官窑博物馆的诸位同事好友致以诚挚的谢意。

　　正如我当时在自己的毕业论文中所说的，今天的宁波港，依然是"商旅辐辏，物贸丰衍"，古代泛海逐波，锐意进取的先人如泉下有知，对今天的盛景应该颔首微笑。